一看就懂的

实用经济学

—图解案例版—

卢明明◎编著

中国铁道出版社有限公司
CHINA RAILWAY PUBLISHING HOUSE CO., LTD.

内 容 简 介

经济学并不是脱离实际的枯燥理论，而是一门生活化的学问。经济学无处不在，生活中的每一件事几乎都与经济学密切相关。懂得经济学，我们不仅可以看懂身边的各种经济现象，避开各种经济陷阱，还能发掘埋藏于经济学之中的“宝藏”，在现实中获得最大化的收益。

本书分别从经济学热点名词、货币、经济周期、税收、劳动与收入分配、经济全球化、市场机制、政府调控、行为经济学、消费经济学、投资理财、互联网经济学、交友经济学及热点经济现象等方面，结合真实、有趣的案例，深入浅出地解析经济学常识，帮助读者快速汲取经济学的知识精髓，使其在生活中变得更加睿智，在工作时更加清醒，在消费时更加理性，在投资时更加精明。

图书在版编目（CIP）数据

一看就懂的实用经济学：图解案例版/卢明明编著. —北京：中国铁道出版社有限公司，2019.12

ISBN 978-7-113-26258-7

Ⅰ.①一… Ⅱ.①卢… Ⅲ.①经济学—通俗读物 Ⅳ.①F0-49

中国版本图书馆 CIP 数据核字（2019）第 207975 号

书　　名： 一看就懂的实用经济学（图解案例版）
作　　者： 卢明明

策　　划： 巨　凤　　**读者热线电话：** 010-63560056
责任编辑： 苏　茜
责任印制： 赵星辰　　**封面设计：** MXK DESIGN STUDIO

出版发行： 中国铁道出版社有限公司（100054，北京市西城区右安门西街 8 号）
印　　刷： 三河市兴达印务有限公司
版　　次： 2019 年 12 月第 1 版　　2019 年 12 月第 1 次印刷
开　　本： 700mm×1000mm　1/16　**印张：** 14.5　**字数：** 229 千
书　　号： ISBN 978-7-113-26258-7
定　　价： 49.00 元

前　言

一提起经济学，很多人会觉得它非常枯燥。其实，经济学并不是可望而不可即的遥远星辰，也不是复杂难懂的理论、抽象的数学符号。经济学并不枯燥乏味，而是充满了趣味性，让人脑洞大开，在日常生活中发现经济学规律并加以灵活运用是一个引人入胜的过程。

经济学大师米尔顿·弗里德曼所说的一句话或许可以证明经济学并非晦涩难懂："经济学是一门迷人的科学，最令人着迷的是，经济学的基本原理是如此简单，只要一张纸就可以写完，而且任何人都可以了解。"

从宏观层面来说，经济学乃"经世济民之学"；从微观层面来说，经济学是"经济实惠之学"。不管是国家、集体、企业还是个人，大家都可以从经济学中受益，而这就需要我们学会用经济学的眼光来看待世界。

纵观人的一生，生活中的各个方面都离不开经济学。工作、娱乐、消费、投资、理财、创业、养老……无一不与经济学有关。在购物时，我们会关心产品的价格和质量；在购房时，肯定会关心国家对房地产市场的调控政策，从而对房价的未来发展有所预期；有了一定积蓄以后，便想要投资理财，就要选择投资方式，关注投资的收益率和风险；为了自己退休之后能够获得更好的保障，我们还要提前缴纳养老保险……

总之，经济学与每个人的日常生活息息相关。懂得一些经济学常识，可以让我们对发生在身边的生活现象看得更加透彻，从而更加理智地做出决策，减少成本，用最小的投入获得最大的收益。

为了让广大初学者面对经济学时不再望而生畏，更轻松地了解经济学常识，本书从最基本的概念开始，将经济理论和生活现象相结合，用通俗易懂的语言深入浅出地对经济学进行细致而全面的解析，让读者轻松掌握经济学的知识精髓，像经济学家一样思考问题，从经济学的视角观察身边各种现象，用经济学的思维进行剖析，做个洞如观火的"明眼人"。

本书内容深入浅出，语言通俗易懂，案例生动有趣，即使对经济学没有任何基础的读者也能轻松读懂。本书共分为 14 章，分别从经济学热点名词、货币、经济周期、税收、劳动与收入分配、经济全球化、市场机制、政府调控、行为经济学、消费经济学、投资理财、互联网经济学、交友经济学及热点经济现象等方面对经济学常识进行了透彻的解析。

人生无时不经济，生活无处不经济。读懂经济学不一定能致富，但不懂经济学却很难摆脱贫穷。作为一门经世致用的学问，经济学其实一直在我们的身边，我们要学会用经济学分析身边的事情，总结出经济学规律，并乘着经济学的翅膀，飞向理想的生活。

编　者

2019 年 8 月

目　录

01 第一章

走进经济学——认识热点名词，读懂财经新闻

02 第二章

货币只是凭空制造的一张纸？——揭开货币的神秘面纱

03 第三章

从顶峰到低谷的循环之路——逃不开的经济周期

04 第四章

我们为什么要纳税？——有关税务的那些事儿

05 第五章

社会财富是如何分配的？——劳动、就业与收入分配

06 第六章

无法阻止的全球经济一体化——世界经济的紧密联系

07 第七章

“看不见的手”——解读市场的自发调节机制

08 第八章

“看得见的手”——政府调控对市场经济的纠偏

09 第九章 让经济学研究“回到现实中去”——接地气的行为经济学

10 第十章 经济学中的消费规律——消费经济学研究

11 第十一章

个人财富配置的最优均衡解——投资理财背后的经济学原理

12 第十二章

互联网改写经济学了吗？——网络时代的经济逻辑

13 第十三章

用经济学解读人际交往——有趣的交友经济学

14 第十四章

解读经济浪潮的时代前沿——聚焦热点经济现象

第一章

走进经济学
——认识热点名词，读懂财经新闻

财经新闻中常常会出现经济学名词，如果我们不懂其含义，就很难看懂当下的经济发展状况，也就很难理解经济在发展过程中到底遇到了什么问题和阻碍，无法更好地解读针对经济发展中的问题所采取的有效措施。那么，我们要如何解读这些经济学名词呢？这些经济学名词究竟反映了社会经济的哪些方面？和我们普通人的生活到底有什么联系呢？

一、GDP 与 GNP“长得很像”，到底有何区别？

2018 年前三个季度中国的 GDP 约为 99 918 亿美元，接近 10 万亿美元，同比实际增长 6.7%。而 2018 年美国前两个季度的 GDP 约为 10.1 万亿美元，换句话说，2018 年中国 3 个季度的 GDP 大概等同于美国 2 个季度的 GDP，中国 GDP 总量约为美国的 65.6%，人均则接近美国人均 GDP 的六分之一。

而在一年前，中国经济体量只占美国的 60%，也就是说，我国只用了 9 个月就与之缩小了 5%左右的差距。按照这种趋势发展，专家预测，中国的 GDP 总量可能会在五年以内超过美国。

说到 GDP，大多数人并不陌生，而且在网络、电视等媒体上都听到过这个词，那么 GDP 到底是什么呢？

GDP 是国内生产总值（Gross Domestic Product）的简称，是指在一定时期内(一季度或一年)，一个国家或地区生产所有最终产品和劳务的市场价值总和。GDP 不仅可以反映国家经济发展的状况，还反映出一个国家的国力和财富。

要想衡量一个国家或地区的生产能力的强弱，或者说这个国家或地区在一定时期内能创造多少社会财富，并且能让各国得到的数据具有可比性，这时我们就需要一个统一的衡量标准。GDP 就是这样的一个衡量标准。换句话说，GDP 可以用来比较两个或多个国家的社会财富或经济发展水平。

什么是社会财富？其实我们使用的纸、笔，吃的大米、面粉，穿戴的服饰等都是社会财富，即人们通过劳动所创造出来的产品或服务，把这些社会财富加总就是国内生产总值。新闻上常出现的 GDP 增长的百分比，一般是说社会总财富在前一年的基础上增长的幅度。

在这里所说的社会总财富其实是指在一国的领土内，在一定时间所创造的社会财富，也就是说，不管是否是本国国民生产，都要统一计入本国的 GDP 中。例如，一个美国公民在日本工作，他的收入不应该计入美国的 GDP 中，而应计入日本的 GDP 中。

GDP 含义中的“最终产品”是指被人们消费和使用的产品，不包括中间产品，即买这个产品的人不是为了自己使用，而是为了以更高的价格卖给其他人，这样可以避免重复计算。

所谓的“生产”就是制造产品，不论是否加工完成，都要计入 GDP 中，但是不考虑这个产品是否已经卖出。比如说，甲生产了 10 台电脑，那么 GDP 中就应包含这 10 台电脑的价值，不能因为甲只卖出 5 台电脑，就不计入另外 5 台电脑的价值。

一般来说，一个国家 GDP 大幅度增长，说明该国经济发展前景良好，国民收入增加，消费能力也相应增长，人民生活质量提高。如果 GDP 增速为负值，说明该国经济衰退，国民收入减少，人民生活质量下降。不过也有例外，例如 GDP 高速增长，但是人民的生活水平没有变化。

那这究竟是什么原因呢？原来用 GDP 衡量也是有漏洞的。GDP 本身遵循的是“生产原则”，不计算先前的生产是否出现大面积的损失，比如某年某地区发生地震，地震造成了很大的经济损失，为了抗震救灾，国家要投入大量的人力、物力、财力，这就造成当年的 GDP 增长了。再比如说，甲乙两人出车祸了，人受伤要送医院治疗，车毁损要送车行修理，这也使 GDP 增长了。也就是说，GDP 的增长不考虑前期的社会财富是否损失。

另外，GDP 也不能反映生产所耗费代价的大小，例如过度开采资源，造成生态环境恶化，以此为代价换来的成果是使当年的 GDP 呈现高速增长，但是这样做的成本很高，需要几年甚至几十年才能弥补当年破坏环境所付出的代价，非常不划算。

也许你会好奇，GDP 是不是真的能计算社会上所有有价值的产品或服务？答案是否定的。因为凡是非市场交易都未计入 GDP 的核算中，例如地下经济活动（非法经济、未申报经济和非登记经济）、家务劳动、自给自足的生产、志愿活动等非市场活动。

因此，我们要正确看待 GDP，既不能忽视它的重要作用，也不能把它作为衡量一个国家经济发展水平的唯一指标。

除了 GDP 以外，我们还会经常看到 GNP 这个词语。GNP 就是国民生产总值（Gross National Product）的简称，是指一个国家或地区所有成员在一定时期内运用生产要素所生产的全部最终产品与服务的市场价值。GNP 的核算遵循国民原则，即凡是本国国民所创造的收入，不管生产要素是否在国内，都被计入本国 GNP 中。例如，中国国民在美国所获得的合法收入就应该计入中国的 GNP 中，而不计入美国的 GNP 中。

GDP 和 GNP，仅一个字母之差，很容易让人混淆。为了让大家更容易区别它们，我们举个例子。假如有一个家庭，妻子开了一家超市，一年的产值为 20 万元，丈夫在外国做生意，一年的产值为 13 万元。他们出租一间房屋给国外的甲公司制造家具，一年的产值 10 万元，房屋的租金是 1 万元。那么，该家庭为 GDP、GNP 做出的贡献分别是多少？该家庭的 GNP 贡献额是该家庭成员加总的产值，再加上房租，就是 34 万元；该家庭的 GDP 贡献额是妻子和甲公司的产值以及房租，即 31 万元。

此时，你大概能发现 GDP 与 GNP 之间的关系了，即 GDP = GNP − 本国公民在国外的生产总值+外国公民在本国的生产总值。

GDP 和 GNP 究竟哪个更能比较真实地反映一国国民的生活水平呢？当然是 GNP。GNP 是本国国民生产的总产值，肯定比 GDP 反映得要真实一些。外资在该国的产值再大，也不是该国的财富。

事实上，GDP 衡量的是“做蛋糕”的问题，如何把蛋糕做大，则是国家需要考虑的问题。

二、物价变化的温度计，CPI 是通胀水平的指示灯

依据国家统计局最新数据表明，截止到 2018 年 11 月，2018 年 CPI 总体发展平稳，2 月份遇到春节，此时达到 102.9，为最高点，后来的三个月连续下降，直到最低点，之后又逐渐回升，在 10 月份达到 102.5，而在 11 月又有所回落，降至 102.2。与 2017 年相比，除了 1 月份，物价同比均明显在增长。

CPI 增长的主要原因在于货币供给量增加，2018 年前三个季度，货币和准货币(M2)供应量同比增长均在 8%以上，平均增长率在 8.5%左右，远远高于同期的 GDP 增长率。

可能很多人不知道什么是 CPI，但是可以非常敏锐地感觉到物价上涨的“威力”，物价上涨了，生活就会显得有些拮据。那么，CPI 究竟是什么呢？

CPI 是居民消费价格指数（consumer price index）的简称，是反映一个家庭购买一组固定的消费性产品或服务所支付的价格水平在不同时期内变动情况的经济指标。

CPI 通常作为度量通货膨胀水平的重要指标。如果 CPI 涨幅过大，就意味着通货膨胀已经成为经济不稳定因素，央行可能会调整货币政策和财政政策。

CPI 是政府用来衡量通货膨胀的数据之一，其数值在一定程度上反映了通货膨胀或紧缩的程度。通俗地讲，CPI 就是市场上的产品与服务价格增长的百分比，增长率可能是正数，也可能是负数。一般市场经济国家认为 CPI 增长率在 2%~3%属于可接受范围，不过还要结合当时其他数据分析。

CPI 的计算公式如下：

CPI=（一组固定商品按当期价格计算的价值）/（一组固定商品按基期价格计算的价值）×100%

事实上，CPI 不仅反映了物价变化的程度，也可以用来反映经济的其他方面，例如货币购买力、职工实际工资、股市等。

货币购买力是指单位货币能够购买到的消费品和服务的数量，通俗地说，就是人们手中的现金是否值钱。一般来说，CPI 指数越高，人们手中的现金就越不值钱，即居民消费价格指数上涨，货币购买力下降。居民消费价格指数的倒数就是货币购买力指数。

CPI 的提高意味着实际工资的减少，CPI 的下降意味着实际工资的提高。实际工资是单位现金能够购买商品与服务的组合数量。

CPI 对股市也有一定的影响，一般情况下，物价上涨，股价上涨；物价下跌，股价也下跌。因此，CPI 是进行经济分析和决策，价格总水平监测和调控及国民经济核算的重要指标。

CPI 不能太高，但也不能过低。CPI 太低会对中小企业的生产积极性产生较大的负面影响，价格持续走低会使企业效益下滑，产品积压上升，从而造成就业机会减少，居民收入下降，市场消费不足，进而使整个国民经济体系陷入一种相互牵制的恶性循环，最终使经济出现衰退。

CPI 增长过快，甚至快于工资涨幅，就意味着人民的生活水平要有所下降。

因为一般平均工资的增长速度很难超越 3%~4%的范围。因此，CPI 过高或过低对于经济的发展都有抑制作用，严重时甚至会使国家经济衰退。

居民消费价格统计调查的是社会产品和服务项目的最终价格，同人民群众的生活密切相关，在整个国民经济价格体系中具有重要地位。

消费者物价指数测量的是随着时间的变化，包括多种商品和服务零售价格的平均变化值。多种商品和服务会被分为几个重要的类别。中国内地的 CPI 构成包括食品、烟酒及日用品、衣着、家庭设备、医疗保健、交通通信、娱乐教育文化、居住八大类产品价格。

在计算消费者物价指数时，每一个类别都有一个能显示其重要性的权数。这些权数是通过调查成千上万的家庭和个人购买的产品和服务而确定的。权数每两年修正一次，以使计算内容与现实情况相符。

由于 CPI 具有极为重要的社会经济意义，因此 CPI 稳定、就业充分及 GDP 增长往往成为重要的社会经济目标。

三、生产价格变化的提示器，PPI 是 CPI 的先行指标

PPI 是生产者价格指数（Producer Price Index）的简称，是衡量各种商品在不同的生产阶段的价格变化指数，是反映某一时期生产领域价格变动情况的重要经济指标，也是制定有关经济政策和国民经济核算方法的重要依据。

一般而言，商品的生产分为三个阶段：原始阶段——商品尚未做任何加工；中间阶段——商品尚需做进一步加工；完成阶段——商品至此不再需要任何加工。

PPI 是从生产者方面考虑到物价指数，测量在初级市场出售的货物（即在非零售市场上首次购买某种商品，如钢铁、木材、电力、石油之类）的价格变动的价格指数，反映生产者购买、出售的商品价格的变动情况。生产者价格指数是 CPI 的先行指标，通常被用来预测 CPI 的变动情况。

生产者价格指数的上涨反映了生产价格的提高，生产者的生产成本增加，增加的这部分生产成本必然会转移到消费者身上，导致 PPI 上涨。因此，生产者价格指数是衡量通货膨胀的潜在性指标。

通常情况下，PPI 走高意味着企业出厂价格提高，因此会使企业盈利增加；但如果下游价格传导不利或市场竞争激烈，走高的 PPI 则意味着众多竞争性领

域的企业将面临越来越大的成本压力，从而影响企业盈利，整个经济运行的稳定性也将受到严峻的考验。

全国工业生产者出厂价格统计调查涵盖 41 个工业行业大类，201 个工业行业中类，581 个工业行业小类，1 638 个基本分类的 20 000 多种工业产品的价格；工业生产者购进价格统计调查涵盖 900 多个基本分类的 10 000 多种工业产品的价格。

PPI 通常作为观察通货膨胀水平的重要指标。为了更清楚地反映出整体商品的价格水平，一般将食品和能源价格的变化剔除——主要是因为食品和能源价格受季节及供需的影响变化较大，从而形成“核心生产者物价指数”，会产生误导作用——进一步观察通货膨胀率的变化趋势。

PPI 主要着眼于工业、矿业、原料、半成品的价格，目前也加进了服务业，不过比重较小。在美国，生产者物价指数的资料由美国劳工局负责收集，美国劳工局以问卷的方式向各大生产厂商搜集资料。美国劳工局会向 25 000 多家企业做调查，得出产品价格，根据行业不同和在经济中的比重，分配比例和权重。

一般而言，当生产者物价指数增幅很大而且持续加速上升时，该国央行相应的反应是采取加息政策来阻止通货膨胀，该国货币升值的可能性增大；反之亦然。

PPI 能够反映生产者获得原材料的价格波动情况，因而可以通过推算预期 CPI，从而估计通胀风险。

总之，PPI 上升不是好事，如果生产者转移成本，就会使终端消费品价格上扬，通胀上涨；而如果不转移，则企业利润下降，经济有下行风险。

CPI 与 PPI 之间既有区别，也有联系，下面这张表格就清晰地对比了两者的不同，也总结了两者的联系。

CPI	PPI
CPI 作为物价变动指数，衡量与居民生活有关的产品及劳务价格变动情况	PPI 作为生产者价格指数，衡量各种商品在不同的生产阶段的价格变化情况
CPI 反映消费环节的价格水平	PPI 反映生产环节的价格水平
联系： 1. 整体价格水平的波动一般首先出现在生产领域，然后通过产业链向下游产业扩散，最后波及消费品。 2. 两者都可以作为度量通货膨胀的指标，是制定有关经济政策和国民经济核算的重要依据。	

四、人们有胆花钱吗？让 CCI 来回答

CCI 是消费者信心指数（Consumer Confidence Index）的简称，是综合反映消费者对当前经济形势的评价和对经济前景、收入水平、收入预期以及消费心理状态的主观感受，预测经济走势和消费趋向的一个先行指标，可以反映消费者对未来经济预期的信心强弱。

消费者信心（Consumer Confidence）又称为消费者情绪（Consumer Sentiment），是指消费者根据国家或地区的经济发展形势，对就业、收入、物价、利率等问题综合判断后得出的一种看法和预期。消费者信心指数由消费者满意指数和消费者预期指数构成。前者指消费者对当前经济生活的评价，后者指消费者对未来经济生活发生变化的预期。在许多国家，消费者信心的测度被认为是消费总量的必要补充。

消费者信心指数主要是为了解消费者对经济环境的信心强弱程度，反映消费者对经济的看法以及购买意向。当消费者认为未来经济发展呈现良好势头，自己未来收入会增加，例如得到报酬更高的工作，升职加薪或是存款利率提高时，该消费者会增加当前的消费，使自己的购买力增加；反之，该消费者会减少当前消费，增加储蓄，以应对未来经济的不确定性。

美国消费者信心指数是对美国经济的预测，信心指数如果下降，就预示美国经济增长速度会下降，美元汇率下跌，美元疲软，黄金价格走势升高。

消费者对经济现状和就业市场的评价，还包括对未来经济和就业市场的预期，以及有关家庭收入情况和是否计划购买房子、汽车等消费品的问题。抽样调查可以反映消费者对现在和之后 6 个月的经济发展、就业情况与个人财务状况的感受和看法。

中国的消费者信心指数每月更新一次，由独立的第三方研究机构编制并发布。该指数由两个分指数所组成，即当前指数和预期指数，涵盖了房地产、耐用消费品、汽车和股票投资等四个主要行业，并提供按照年龄、收入水平和地

域划分的详细统计数据。

五、衡量贫富差距的最佳指标：基尼系数

根据中国国家统计局统计，2017 年中国的基尼系数为 0.467，与 2016 年相比上涨了 0.002，与处于最低点的 2015 年相比上涨了 0.005。中国的基尼系数在 2008 年处于最高点，为 0.491，后来一直下降，但最近几年又开始持续上涨。

富裕阶层的收入增幅很大，而中间阶层的收入增幅很慢。很多人认为这是因为房价过高，富裕阶层由此获得了出售利润。另外，北京、上海等一线城市对农村务工人员的限制也是原因之一。由于贫富差距扩大，可能会给经济结构向消费主导转型构成不利因素。

从一定意义上讲，中国社会贫富差距的扩大是难免的。比如，经济的发展使得一些新的经济板块迅速成长，而“朝阳”产业领域当中人们的收入水平一般要高于“夕阳”产业领域中人们的收入水平。

为了反映一个国家贫富差距的程度，国际上运用基尼系数来综合考察居民内部收入分配差异状况。

基尼系数的经济含义是：在全部居民收入中，用于进行不平均分配的那部分收入占总收入的百分比。基尼系数最大为“1”，最小为“0”。为“1”时，表示居民之间的收入分配绝对不平均，即 100% 的收入被一个单位的人全部占有了；为“0”时，则表示居民之间的收入分配绝对平均，即人与人之间收入完全平等，没有任何差异。但是这两种情况只是在理论上的绝对化形式，在实际生活中一般不会出现。因此，基尼系数的实际数值只能介于 0～1 之间。

基尼系数通常把 0.4 作为收入分配差距的“警戒线”。

按照联合国有关组织的规定，基尼系数对应的收入差距分为以下几种。

0~0.2	收入绝对平均
0.2~0.3	收入比较平均
0.3~0.4	收入相对合理
0.4~0.5	收入差距较大
0.5 以上	收入差距悬殊

目前，国际上用来分析和反映居民收入分配差距的方法和指标有很多种。基尼系数的好处在于给出了反映居民之间贫富差距程度的数量界线，可以较客观、直观地反映和监测居民之间的贫富差距，预警和防止居民之间出现贫富两极分化，因此得到世界各国的广泛认同和普遍采用。

基尼系数作为监控贫富差距的警戒线，是对许多国家实践经验的一种抽象概括，具有一定的普遍意义。但是，各国、各地区的具体情况千差万别，居民的承受能力及社会价值观都不尽相同，所以这种数量界限只能用做宏观调控的参照系数，而不能成为禁锢和教条。

六、衡量生活水平高低的尺度："吃"出来的恩格尔系数

古人云："民以食为天。"饮食需求是人类生存的第一需求，随着收入的增加，在食物需求基本得到满足的情况下，消费的重心才会向穿、用等其他方面转移。因此，一个国家或家庭生活越贫困，花在吃上面的消费比例就越大；反之，生活越富裕，花在吃上面的消费比例就越小。这种经济现象可以用恩格尔系数来表示。

恩格尔系数（Engel's Coefficient）是食物支出总额占个人消费支出总额的比重。19 世纪德国统计学家恩格尔根据统计资料，对消费结构的变化分析总结出一个规律：一个家庭收入越少，家庭收入中用来购买食物的支出所占的比例就越大，随着家庭收入的增加，家庭收入中用来购买食物的支出比例则会下降。

推而广之，一个国家越贫穷，每个国民的平均收入中用于购买食物的支出所占比例就越大，随着国家的富裕，这个比例呈下降趋势。这个有规律性的原理被命名为恩格尔定律。

恩格尔系数公式表示为：

恩格尔系数（%）=食品支出总额/国家或家庭消费支出总额×100%

2018 年 4 月 20 日，恩格尔系数又一次回归公众视野，原因是由国家发展改革委组织编写的《2017 年中国居民消费发展报告》指出，2017 年全国居民恩格尔系数为 29.39%，中国第一次进入联合国划分的 20%~30%的富足区间。改革开放 40 年来，中国的恩格尔系数大幅下降，这意味着什么？

七成支出花在吃以外，意味着“民以食为天”的中国人，开始把更多财富用于其他消费。其实这样的变化符合人们的感性认知：舍得旅游的人多了，坐高铁、坐飞机变得平常；出了新款手机，很容易成为全社会消费者的谈资；电影还没上映，往往先引发全民期待，教育、文娱消费大大增加，医疗保健也成刚需，消费的范围越来越广泛，消费的转型升级有目共睹。可以说，“富起来了”已是共识。

然而，恩格尔系数之魅力在于简洁，弊病也在于简洁。因为文化心理差异、城乡二元结构、地区发展不平衡等一系列复杂的影响因素，从上世纪 80 年代起，中国学术界就开始讨论恩格尔系数在国内应用的失灵问题。一个有趣的点是：吃。多年前，就有经济学家举过一个例子：杭州年轻人有钱后反而更爱下饭馆，导致恩格尔系数不降反升，原因还是“好吃”“重吃”“会吃”。160 年前“不太懂吃”的德意志经济学家恩格尔，大概没能预计到这样的文化差异。

正因为如此，放在中国的现实语境中，还应该更加全面地认识恩格尔系数。恩格尔系数的持续走低，与国内农产品长期维持低价也有很大关系。居民“食物消费支出比重减少”的背后，是肉禽蛋奶等农产品价格的相对稳定，传导到农民身上，可能造成增收相对困难。

有报道在《宁夏统计年鉴 2017》数据基础上估算，2016 年宁夏城镇恩格尔系数仅为 24%，农村恩格尔系数也只有 26.47%，看数字早已进入“发达区间”，但这背后显然还潜藏着隐性贫困。因此，恩格尔系数低于 30%，既展现出消费升级的未来趋势，也折射出不平衡、不充分发展的现实。现实警示我们，实现全面小康依然重任在肩。

恩格尔系数持续降低，为中国总体发展而骄傲是应该的，但更要清醒认识到，现实的复杂性往往超越一个简单的经济学系数。在全面建成小康社会的道路上，关注每一个普通人的获得感，比关注一个系数更具温度，也更为精准。

恩格尔系数下降也不仅是消费者的事，有关行业的服务也要跟上去，尤其是文化产业应把更多的本土文化元素、娱乐元素、情感元素注入平时生活中去，让人们在生活中能够选择更多的休闲消费方式，有钱花得高兴，花得开心。

根据联合国粮农组织提出的标准，恩格尔系数在59%以上为贫困，50%~59%为温饱，40%~50%为小康，30%~40%为富裕，低于30%为最富裕。在我国运用这一标准进行国际和城乡对比时，我们要考虑到一些不可比因素，例如消费品价格不同，居民生活习惯的差异，以及由社会经济制度不同所产生的特殊因素。

七、持续上涨的老年抚养比："未富先老"带来的挑战

欧盟统计局2018年5月8日发布的数据显示，目前欧盟65岁以上老年人口接近1亿，几乎每5个人中就有1个老年人。2017年，欧盟老年抚养比为29.9%，意味着差不多平均3个工作年龄的人就要养1个老年人。长期以来，欧盟老年抚养比一直在增长，20年前为20%，10年前为25%，目前接近30%。

欧盟国家中老年抚养比最高的是意大利，为34.8%，其后依次是希腊（33.6%）、芬兰（33.2%）、葡萄牙（32.5%）和德国（32.4%）；最低的依次是卢森堡（20.5%）、爱尔兰（20.7%）、斯洛伐克（21.5%）和塞浦路斯（22.8%）。

什么是老年抚养比？老年抚养比是指人口中非劳动年龄人口数中老年部分对劳动年龄人口数之比，用以表明每100名劳动年龄人要负担多少名老年人。老年人口抚养比是从经济角度反映人口老龄化社会后果的指标之一，也称为老龄人口抚养系数，简称老年系数，其英文为elderly dependency rate，简写为ODR。

老年抚养比的计算公式为：

ODR=（65岁以上人口数/劳动年龄人口数）×100%

在中国，法定退休年龄为：男性60周岁，女性55周岁。

国务院发布的《"十三五"国家老龄事业发展和养老体系建设规划》，规划指出：

预计到2020年，中国60岁以上老年人口将增加到2.55亿左右，占人口比例为17.8%左右；高龄老年人（80周岁以上）将增加到2 900万左右，独居和空巢老年人将增加到1.18亿左右，老年抚养比将提高到28%左右。随着老年抚

养比提高，用于老年人的社会保障支出将会持续增加，而农村实际居住人口老龄化程度可能进一步加深。

为了应对这一严峻现实，《规划》中提出发展目标，到 2020 年，多支柱、全覆盖、更加公平、更可持续的社会保障体系将更加完善，以居家为基础、社区为依托、机构为补充、医养相结合的养老服务体系将更加健全，有利于充分发挥政府和市场作用的制度体系更加完备，支持老龄事业发展和养老体系建设的社会环境更加友好，及时应对、科学应对、综合应对人口老龄化的社会基础更加牢固。城镇职工和城乡居民基本养老保险参保率达到 90%，基本医疗保险参保率稳定在 95%以上。

我们有理由相信，未来国家将会建立更加健全的养老金政策，让老年人过上“老有所依”的生活，减轻年轻人的生活压力，让其更轻松、更积极地投身到工作中。

八、人均可支配收入，反映真实的生活质量

国家统计局发布 2018 年国民经济和社会发展统计公报。公报显示，2018 年，全国居民人均可支配收入 28 228 元，比上年名义增长 8.7%，扣除价格因素，实际增长 6.5%，全国居民人均可支配收入中位数 24 336 元，增长 8.6%。按常住地分，城镇居民人均可支配收入 39 251 元，比上年增长 7.8%，扣除价格因素，实际增长 5.6%。城镇居民人均可支配收入中位数 36 413 元，增长 7.6%，农村居民人均可支配收入 14 617 元，比上年增长 8.8%，扣除价格因素，实际增长 6.6%。农村居民人均可支配收入中位数 13 066 元，增长 9.2%。

人均可支配收入在实际生活中代指人均居民可支配收入，严格来说这么使用不够准确。居民可支配收入是居民可用于最终消费支出和储蓄的总和，即居民可用于自由支配的收入。

居民可支配收入被认为是消费开支的最重要的决定性因素，因而常被用来衡量一个国家生活水平的变化情况。居民可支配收入可以分为以下几种类型。

收入来源	工资性收入	经营性净收入	财产性净收入	转移性净收入
收入形式	现金收入		实物收入	

一般来说，人均可支配收入与生活水平成正比，即人均可支配收入越高，生活水平则越高。

在国家统计部门所编制的各种价格指数当中，最能反映物价对人民生活影响程度的是居民消费价格指数。在计算人均可支配收入的实际增长时，需要扣除居民消费价格指数。

在一定时期内，由于物价变化的因素，使得相同的货币所能购买到的生活消费品和社会服务的数量与基期相比相应有了变化，造成货币购买力发生了变化。因此，计算人均可支配收入的实际增长速度时，必须要扣除价格因素的影响。

具体的扣除方法用公式表示为：

人均可支配收入实际增长率=（报告期人均可支配收入/基期人均可支配收入）/居民消费价格指数-100%

人均可支配收入=(家庭总收入-交纳所得税-个人交纳的社会保障支出-记账补贴)÷家庭人口

根据公式就可以得出这样的结论，要想增加人均可支配收入，我们每个人都要努力，开源节流，尤其是开源，增加可靠性投资，增加收入渠道，寻找新的收入增长点，提高家庭总收入。

第二章

货币只是凭空制造的一张纸？——揭开货币的神秘面纱

在市场经济中，衣、食、住、行等生活必需品大多都要用货币从市场上购买。那么什么是货币？货币的本质和功能是什么？通过本章的学习，我们可以更多地了解货币，摆正对待金钱的心态，培养理性消费的观念。

一、货币是什么？金银天然不是货币，货币天然是金银

在日常生活中，我们经常去超市购买商品，这些商品都是人们耗费一定的劳动力生产出来的，不是为了自己享用，早期是为了拿到市场上去交换。发展到现在，购买商品需要使用货币，但货币的出现要比商品晚得多，它是商品交换发展到一定阶段的产物。

最初的商品交换是物物交换，出现在原始社会末期。随着生产力和社会分工的发展，交换越来越频繁，交换的范围也越来越广，交换的商品种类越来越多，交换的难度也就越来越大。因为物物交换成功的前提是交换双方恰好都需要对方的商品，这需要花费很多的时间寻找，或者经过一系列复杂的过程才能实现。

在长期的交换过程中，人们找到克服交换困难的办法，这就是先把自己的东西换成市场上大家普遍愿意接受的商品，然后再用这种商品去换回自己所需要的东西。这种大家普遍愿意接受的商品便成了一般等价物，它表现其他一切商品的价值，充当商品交换的媒介。

历史上充当过一般等价物的商品有很多，早期有牲畜、布帛、贝壳等。后来，金银逐步地从商品中分离出来，固定地充当了一般等价物。这些从商品世界中分离出来，固定地充当一般等价物的商品就是货币。也就是说，货币的本质是一般等价物。

金属货币最初是以金银条块形式流通的，每完成一笔交易都要核实重量，检查成色，很不方便，于是就出现了具有一定形状、重量、成色和面额价值的铸币，后来又产生了纸币。与金属货币相比，纸币制作成本低，更易于保管、携带和运输，所以纸币渐渐成为世界各国普遍使用的货币。

目前纸币是由国家（或地区）发行并强制使用的。国家有权发行货币，但不可以任意发行货币。纸币的发行量必须以流通中所需要的货币量为限度。如果超过了这个限度，就会引起物价上涨，影响人民的生活和社会的经济秩序。

马克思曾说过，“金银天然不是货币，货币天然是金银”。“金银天然不是货币”是指，金银最初出现在市场上时也只是普通商品，当商品交换发展到一定历史阶段，由于社会需要，金银便承担交换媒介的角色，后来金银便被固定地充当一般

等价物，这时的金银就是货币。

“货币天然是金银”，意思是货币天生应该由金银来充当，或者说金银天生就具备了充当货币的优良特点。这是由金银的自然属性决定的，金银具有体积小、价值高、易于分割、不易磨损、便于保存和携带等优点。

二、M0、M1、M2：关于货币供应量的那些事儿

2018 年 4 月 13 日，央行公布的数据显示，截至 3 月末，广义货币（M2）余额 173.99 万亿元，同比增长 8.2%，增速分别比上月末和上年同期低 0.6 个和 1.9 个百分点；狭义货币（M1）余额 52.35 万亿元，同比增长 7.1%，增速分别比上月末和上年同期低 1.4 个百分点和 11.7 个百分点；流通中货币（M0）余客 7.27 万亿元，同比增长 6%。一季度净投放现金 2 047 亿元。

央行调统司司长阮健弘指出，这主要是受季节性和短期扰动性因素影响，市场对于 M2 短期增速不宜过度关注。而且对比历史数据可以发现，M2 增速已经出现趋稳表现，这是稳健中性货币政策和金融政策协调作用后的结果。

阮健弘表示，目前债券业务有所恢复，同业行为更为规范，银行体系流动性总体充裕。总体看，货币供应量是合理适度的。

货币供应量，是指一国在某一时点上为社会经济运转服务的货币存量，它由包括中央银行在内的金融机构供应的存款货币和现金货币两部分构成。

中央银行一般根据宏观监测和宏观调控的需要，根据流动性的大小将货币供应量划分为不同的层次。

所谓流动性，是指一种资产随时可以变为现金或商品，而对持款人又不带来任何损失。货币的流动性程度不同，在流通中的周转次数就不同，形成的货币购买力及其对整个社会经济活动的影响也不一样。

我国现行货币统计制度将货币供应量划分为三个层次。

（1）流通中现金（M0），指单位库存现金和居民手持现金之和，其中“单位”指银行体系以外的企业、机关、团体、部队、学校等单位。

（2）狭义货币供应量（M1），指 M0 加上单位在银行的可开支票进行支付的活期存款。

（3）广义货币供应量（M2），指 M1 加上单位在银行的定期存款和城乡居民个人在银行的各项储蓄存款以及证券公司的客户保证金。其中，中国人民银行从 2001 年 7 月起，将证券公司客户保证金计入广义货币供应量 M2。

我国从 1994 年第三季度起由中国人民银行按季向社会公布货币供应量统计监测指标。按照国际通用原则，根据我国实际情况，中国人民银行将我国货币供应量指标分为以下五个层次。

M_0 = 流通中的现金（纸币和硬币）；

M_1 = M_0+企业活期存款+机关团体部队存款+农村存款+个人持有的信用卡类存款；

M_2 = M_1+城乡居民储蓄存款+企业存款中具有定期性质的存款+外币存款+信托类存款；

M_3 = M_2+金融债券+商业票据+大额可转让存单等；

M_4 = M_3+其他短期流动资产。

其中，M1 是通常所说的狭义货币量，流动性较强，是中央银行重点调控对象。M2 是广义货币量，M2 与 M1 的差额是准货币，流动性较弱；M3 是考虑到金融创新的现状而设立的，暂未测算。

货币供应量的增长必须与经济增长相适应，以促进国民经济的持续、快速、健康发展。因此，分析某一阶段各个层次的货币供应量是否合理，必须与当时的经济增长幅度相联系，与货币流通速度相联系。

通常来讲，衡量货币供应均衡的主要标志是物价水平的基本稳定。物价总指数变动较大，则说明货币供求不均衡，反之则说明供求正常。

从这个意义上讲，货币供应量亦是一个与普通百姓生活有关联的经济指数，它的多与少影响着国民经济的运行速度，决定着百姓手中货币的币值。

三、货币的“规矩”：什么是一个国家的货币制度？

货币制度是国家对货币的有关要素、货币流通的组织与管理等加以规定所形成的制度，完善的货币制度能够保证货币和货币流通的稳定，保障货币正常发挥各项职能。

货币制度是随着商品经济的发展而逐步产生和发展的，到近代形成比较规范的制度。

到目前为止，出现过的货币制度可以分为两类，即金属本位与纸币本位。金属本位又分为金本位制、银本位制、复本位制。所谓的本位币是按照国家规定的货币单位所铸成的铸币，亦称主币。

金本位制是指以黄金作为本位货币的货币制度，其主要形式有金币本位制、金块本位制和金汇兑本位制。

银本位制是指以白银为本位货币的一种货币制度。在货币制度的演变过程中，银本位制的出现要早于金本位制，其名义价值与白银的实际价值一致。银本位分为银两本位与银币本位。

复本位制指一国同时规定金和银为本位币。在复本位制下，金与银都如在金本位制或银本位制下一样，可以自由买卖，自由铸造与熔化，自由输出与输入。

复本位制从表面上看能够使本位货币金属有更充足的来源，使货币数量更好地满足商品生产与交换不断扩大的需要，但实际上却是一种具有内在不稳定性的货币制度。

“劣币驱逐良币”的现象，即金银两种金属中市场价值高于官方确定比价的不断被人们收藏时，金银两者中的“贵”金属最终会退出流通领域，使复本位制无法实现。这一现象又被称为“格雷欣法则”。

纸币本位制又称为信用本位制，由于从国家法律而论，纸币已经无须以金属货币作为发行准备。在流通中执行货币职能的是纸币和银行存款。

依据货币制度区域的不同，货币制度包括国家货币制度、国际货币制度和地区货币制度。

（一）地区货币制度：伴随我国恢复对香港、澳门行使主权，我国出现了人民币、港币、澳元“一国三币”的特有历史现象。由于这三种货币是在不同的地区流通的，所以不会出现“良币驱逐劣币”的现象。

（二）国际货币制度：一般包括三个方面的内容，即国际储备资产的确定、汇率制度的安排、国际收支的调节方式。

（三）国家货币制度：中国的人民币制度已具有相当稳定的经济基础和社

会基础，在与中国接壤的一些国家中，中国的人民币已被当作“硬通货”。

最初的国际货币体系是国际金本位货币制度，产生于 19 世纪 70 年代到 20 世纪初，是为适应当时国际经济关系的需要和各国国内货币制度的现实情况自发形成的。到第一次世界大战后，特别是 20 世纪 30 年代爆发世界性经济危机时，最初的国际货币体系逐渐瓦解，分裂为若干货币集团。

第二次世界大战后，在西方国家中形成以美元为中心的国际货币体系，到 70 年代后，由于美元爆发危机，美元地位的削弱使以美元为中心的布雷顿森林体系彻底瓦解。1978 年，形成了新的国际货币制度牙买加体系，牙买加体系的实行，积极推动了世界经济的发展，但仍存在着一些缺陷。改革和进一步完善国际货币制度是当今世界十分迫切需解决的问题。

四、通货膨胀，物价飞涨的高危期

提到通货膨胀，就不得不提到一个石油储备非常丰富的国家——委内瑞拉，因为它目前正在遭遇着非常严重的通货膨胀。

委内瑞拉的通货膨胀在 2018 年 10 月份已经达到 830 000%，而且一直在持续恶化，且这种情况已经为时不短。

2018 年 1 月开始，仅仅 7 个月的时间，委内瑞拉的咖啡就提价 40 多次，最高卖到 200 万玻利瓦尔/杯。2018 年年初，1 美元可以换到 10.3 玻利瓦尔，但仅仅过了 11 个月，1 美元就可以兑换 248 520 玻利瓦尔，货币贬值了 2 万多倍。恶性的通货膨胀，使委内瑞拉普通纸巾的价格都超过了小面额纸币，一些商家干脆甚至直接用小面额纸币来包裹物品。

有分析认为，委内瑞拉的财政收入九成以上依赖石油出口，但近年来石油收入大幅减少，主要因为国际油价暴跌和产量持续下降，再加上政府支出失控，故其经济出现衰退。在此背景下，委内瑞拉政府印了越来越多的货币，导致了恶性循环，使物价快速上升，而货币也越来越不值钱。

上面的事件告诉我们，通货膨胀处于恶性时，社会物价持续飞速上涨，货币大幅度贬值，人们对货币彻底失去信心。这时整个社会金融体系处于一片混乱之中，正常的社会经济秩序遭到破坏，最后可能导致社会崩溃，政府垮台。

那么什么是通货膨胀？通货膨胀是指因货币供给大于货币实际需求，导致货币贬值而引起的一段时间内物价持续普遍上涨的现象。说得通俗一点儿，就是指在短期内人们手中的钱不值钱了，物价上涨了，货币的购买力下降了。钱不值钱，归根结底是货币的发行量超过了实际的需求量。货币的发行量必须和市场中流通的物品相匹配，发行适量货币，物价比较平稳；发行过量，就会造成通货膨胀；发行过少，则会造成通货紧缩。

通货膨胀可以分成以下几类，而且不同的通货膨胀对人们的生活以及社会经济的影响也不相同。

（一）温和的通货膨胀

这种通货膨胀的通货膨胀率基本保持在 2%～3%，最高不超过 5%，并且始终比较稳定。如果每年的物价上涨率在 2.5%以下，一般不认为是发生了通货膨胀。当物价上涨率达到 2.5%时，叫做不知不觉的通货膨胀。

有些经济学家认为，在经济发展过程中，适当搞一点儿温和的通货膨胀可以刺激经济增长。因为提高物价可以使厂商多得一点儿利润，以刺激厂商投资的积极性。同时，温和的通货膨胀不会引起社会太大的动乱。这种温和的通货膨胀能像润滑油一样不动声色地促进经济的发展，因此被称为“润滑油政策”。

（二）急剧的通货膨胀

这是一种不稳定的、迅速恶化的、加速的通货膨胀。当总价格水平以每年 20%，100%甚至 200%的比率上涨时，即产生了这种通货膨胀。此时人们对货币的信心发生动摇，经济社会开始动荡，所以这是一种比较危险的通货膨胀。

（三）恶性的通货膨胀

这种通货膨胀一旦发生，其通货膨胀率非常高，一般达到三位数以上，而且完全失去控制，导致社会物价持续飞速上涨，货币大幅度贬值，人们对货币彻底失去信心。这时整个社会金融体系处于一片混乱之中，其灾难性的影响使市场机制瘫痪。

这种通货膨胀在经济发展史上是很少见的，通常发生于战争或社会大动乱之后。例如，德国在 1923 年就发生过恶性的通货膨胀，当时第一次世界大战刚结束，德国的物价在一个月内上涨了 2 500%，一马克的价值下降到仅及战前价值的一万亿分之一。还有津巴布韦，其 2008 年 7 月份的通货膨胀率高达 231 000 000%。

（四）隐蔽的通货膨胀

这种通货膨胀又称为受抑制的通货膨胀。是指社会经济中存在着通货膨胀的压力或潜在的价格上升危机，但由于政府采取并实施了严格的价格管制政策，通货膨胀并没有真正发生。

但是，一旦政府解除或放松价格管制措施，社会经济就会发生通货膨胀，所以这种通货膨胀并不是不存在，而是受到抑制，处于一种十分隐蔽的状态。

一般造成通货膨胀的直接原因是国家财政赤字的增加。政府为了挽救经济危机或弥补庞大的财政赤字，不顾商品流通的实际需要，滥发纸币。他们之所以要用这种办法来弥补财政赤字，是因为这种办法比起增加税收、增发国债等办法更有隐蔽性，并且简便易行。

对于我们普通人来说，没有必要深究其产生的原因，关键是如何应对，以减少压力和损失。

从宏观上来讲，我们普通老百姓对于抑制通货膨胀是无能为力的，主要还是依靠政府进行调控，出台相关的经济政策和采取相应的措施，例如上调存贷款利率，提高金融机构的存款准备金率，实行紧缩的货币政策，包括限价调控令、严禁哄抬商品价格等。从微观上来说，老百姓自身也可以采取一些措施，以应对通货膨胀。

首先，我们当然要努力工作，提升收入，减少日常开支，以减轻通货膨胀的压力。我们还可以通过合理的投资理财来抵消通货膨胀对财产的侵蚀，但需要针对不同程度的通货膨胀来选择合适的投资理财的工具。

2%~5%的温和通货膨胀一般是经济最健康的状态。利率不高，经济情况良好。这个时期虽然出现了一些通货膨胀，但千万不要购买大量的生活用品或黄金，而应当将资金充分利用，分享经济增长的成果。

最恰当可取的方法是将资金都投入到市场上，此时无论股市、房产市场还是做实业投资都很不错。当然这个思路的另一面就是，这时一般不要购买债券，尤其是长期的债券。而且要注意的是，对手中持有的资产，哪怕已经有了不错的收益，也不要轻易出售，因为更大的收益还在后面。

在更高的通货膨胀情况下，经济明显已经过热，政府必然会出台一些更加严格的调控政策，基本上经济紧接着会有一段时间的衰退期。因此，这时一定要离开股市了。

五、对于通货紧缩你知道多少？

据国家统计局 2018 年 7 月 10 日发布的数据，6 月 CPI 环比下降 0.1%，同比上涨 1.9%；PPI 环比上涨 0.3%，同比上涨 4.7%。但 6 月份的 CPI 和 PPI 走势持续分化，且已连续两个月出现环比“一跌一涨”的局面，CPI 也已连续 3 个月处于“1 时代”。

CPI 和 PPI 的涨跌说明了什么？6 月 CPI 上涨 1.9%是否是通货紧缩的表现？

国家统计局 7 月 16 日公布的中国经济上半年发展形势给出了否定的答案。多项宏观经济数据显示，上半年国民经济延续总体平稳、稳中向好的发展态势：上半年国内生产总值 418 961 亿元，按可比价格计算，同比增长 6.8%。分季度看，一季度同比增长 6.8%，二季度增长 6.7%，连续 12 个季度保持在 6.7%～6.9%的区间。上半年 6.8%的 GDP 增长速度与今年政府工作报告提出的 6.5%左右的发展预期目标相比，还高出了 0.3 个百分点。

通货紧缩是指货币供应量少于流通领域对货币的实际需求量而引起的货币升值，从而引起的商品和劳务的货币价格总水平的持续下跌现象。

当市场上流通货币减少时，人们的货币所得减少，购买力下降，影响物价随之下跌，造成通货紧缩。通货紧缩的表现特征有三个方面：物价水平普遍性持续下跌，货币供应量连续下降和有效需求不足，经济全面衰退。

通货紧缩是指物价水平的全面持续下降，判断通货紧缩的标准需要先解决以下两个问题：一是用什么指标来度量物价水平的变化；二是连续下降多长时间才可看作持续下降。

反映物价总水平变化的指标，最为常见的有三种：国民生产总值物价平减指数，生产者价格指数 PPI，消费者物价指数 CPI。而消费者价格指数又分两种：一种是同比价格指数，另一种是环比价格指数。对于一般的分析判断，可以用同比价格指数，但据此得出的结论对于轻度的通货紧缩可能不太准确。

通货紧缩根据对经济的影响程度，又可以分为轻度通货紧缩、中度通货紧缩和严重通货紧缩。而这三者的划分标准主要是物价绝对下降的幅度和持续的时间长度。

（1）轻度通货紧缩：物价出现负增长，但幅度不大（比如-5%），时间不超过两年。

（2）中度通货紧缩：物价下降幅度较大（比如在-5%~10%），时间超过两年。

（3）严重通货紧缩：物价下降幅度超过两位数，持续时间超过两年，甚至更长。二十世纪30年代世界性的经济大萧条所对应的通货紧缩就属此类。

很多人认为，物价低了，老百姓受益，其实并不完全是这样，长期的通货紧缩会抑制投资与生产，导致失业率升高及经济衰退。通货紧缩通常被认为是经济衰退的先兆，严重的通货紧缩会造成经济的大萧条，并且在较长的时间内难以复苏。

一般来说，适度的通货紧缩可以加剧市场竞争，有助于调整经济结构，挤去经济中的“泡沫”，也会促进企业增加技术投入，加强技术创新，改进产品和服务质量。

虽然通货紧缩表现为物价下降，货币购买力增加，表面看起来似乎人民的生活水平有所提高，但是物价下跌会有以下几个方面的危害，长此以往，会使得国家经济出现严重的衰退。

（1）物价下降直接影响到人们的生活。因为人们生产同样的产品，但收入大幅度下降，导致整体收入下降。

（2）物价持续下降，导致许多企业微利甚至亏损。企业开工不足，下岗工人增多，就会波及就业，直接降低社会收入，影响消费水平。

（3）引发金融危机。中国企业的负债率普遍很高，企业的资产实际上是银行的资产。企业微利甚至亏损，就会将不良资产转嫁给银行。银行发生周转问题或者被人们集体挤兑时，可能诱发严重的金融危机。

收入的减少与物价下降有关。如果一直这样发展下去，就业紧张的情况就会越来越严重，使更多的人受到影响。物价下跌的背后是经济下滑，物价又反过来加速经济下滑，使收入降低。

六、人民币升值是一把“双刃剑”

2018 年 12 月 25 日，中国人民银行授权中国外汇交易中心公布了最新的人民币在外汇市场的汇率数据。数据显示，1 美元可以兑换人民币 6.891 9 元，1 欧元可以兑换人民币 7.857 6 元，100 日元可以兑换人民币 6.245 6 元，1 港元可以兑换人民币 0.879 82 元。

在前一天，人民币对美元的汇率中间价还是 6.900 6，换句话说，人民币对美元汇率开盘就上涨了逾 87 点——人民币升值了！

对于人民币的升值，有的人认为是好事，而有的人认为是坏事，不同的人有不同的看法。那么，到底人民币升值是好还是坏呢？对普通百姓有多大影响？该如何看待人民币升值？

人民币升值是相对于其他货币而言的，指的是人民币兑换外币的比率增加，简言之，就是人民币的购买力相对增强，主要表现在同样数量的人民币可以换取更多数量的外币。但是人民币升值是相对于外国货币来说的，在国内市场无法显现，钱并没有变得更加值钱。

有的人认为人民币升值了，钱增值了，老百姓出国旅游，买原装进口汽车、瑞士表更便宜了，大企业到国外的经营成本降低了……美国为什么要求人民币升值？难道美国人傻吗，让自己国家的钱不值钱？其实我们从日元相对美元的升值就能看到其中的道理。

1985 年美、英、法、前联邦德国在纽约广场饭店举行会议，迫使日本签下了著名的《广场协议》，签字之前美元兑日元在 1 美元兑 250 日元上下波动，《广场协议》签订后,在不到 3 个月的时间里，快速下跌到 200 日元附近，跌幅 20%，到 1987 年最低时达 1 美元兑 120 日元。

在不到三年的时间里，美元兑日元贬值达 50%,也就是说，日元兑美元升值一倍。日本人当时也以为自己一夜之间成为了富翁,但事实是日本的经济所遭受的打击用了 20 年也没有缓过劲来。

人民币的升值对富人的好处确实显而易见，例如人民币对美元升值，以前

8.5 元人民币换一美元，现在不到 7 元就可换到，到国外去玩或者购置产业就更便宜了，富人手里的钱就更值钱了。但对于指着工资生活的老百姓来说没有多少好处了，甚至可能带来坏处。以前买一个烧饼 5 角钱，不会因为人民币升值而变为 4 角钱，而境外游资豪赌人民币升值，大量热钱促使物价上涨。最要命的是就业问题，人民币升值对出口企业和境外直接投资的影响，最终将体现在就业上。因为我国出口的大部分产品是劳动密集型产品，人民币升值对这些企业来说，意味着要为廉价的劳动力付出更高的成本，他们就可能会撤资，转而寻找更低廉的劳动力市场，从而使国内的就业形势更为严峻。

人民币升值也不利于中国产品的出口，因为换汇成本问题，你的东西在国际市场上贵了，肯定会影响到市场占有率。例如，升值前 1 美元等于 8 元人民币，升值后，1 美元只折合 7 元人民币，假设包子 1 元人民币 1 个，升值前外国人用 1 美元本来能买 8 个包子，升值后 1 美元只能买 7 个包子了，也就是说中国的东西变贵了，那外国人可能就不去买你的东西，而去买更便宜的东西，因此中国的出口量就要降低。这样一来，国内的企业，特别是出口企业就更困难了。

人民币升值也不利于我国引进境外直接投资。我国是世界上引进境外直接投资最多的国家，目前外资企业在我国工业、农业、服务业等各个领域发挥着日益明显的作用，对促进技术进步，增加劳动就业，扩大出口，从而促进整个国民经济的发展有着不可忽视的积极作用。人民币升值后，则会对外资造成很大的影响。

人民币升值同样影响金融市场的稳定。人民币如果升值，大量境外短期投机资金就会乘虚而入，大肆炒作人民币汇率，这很容易引发金融货币危机。一旦人民币升值，我国巨额的外汇储备便面临缩水的危险，而充足的外汇储备是我国经济实力不断增强、对外开放水平日益提高的重要标志，也是我国促进经济发展、参与对外经济活动的有力保障。

客观地说，人民币升值是一把“双刃剑”。人民币升值虽然有危害，但同时也会对中国的经济带来某些好处。具体来说，有利的方面体现在以下几点。

（1）人民币升值给国内消费者带来的最明显变化，就是手中的人民币“更值钱”了。你如果出国留学或旅游，支出会比之前要少；如果买进口车或其他进口产品，其价格变低了，花同样的钱能够办比以前更多的事。

（2）人民币升值扩大国内消费者对进口产品的需求，使他们得到更多的实惠；企业进口成本降低。

（3）人民币升值可能意味着人民币地位的提高，中国经济在世界经济中的地位得到提升。一国货币的升值和贬值，是一国国力的象征，例如，近年来你到东南亚各国去旅游，只要带人民币就可以了。人民币并不能自由兑换，为什么东南亚各国会接受人民币呢？那是因为中国的经济实力增强了，人民币获得了这些国家的认可和信任，靠经济实力说话的人民币自然而然也就获得了更大的国际事务话语权。

因此，人民币升值的利弊并不能一概而论，关键在于是不是对我国经济的发展起促进作用。

七、银行：人们在生活中离不开的金融机构

银行按类型分为中央银行、政策性银行、商业银行、投资银行和世界银行，它们的职责各不相同。在这里，我们主要介绍中央银行、政策性银行和商业银行。

2018 年 7 月 21~22 日，阿根廷担任二十国集团（G20）主席国后的第三次 G20 财长和央行行长会议在阿根廷布宜诺斯艾利斯举行，陈雨露副行长出席了会议。会议主要讨论了全球经济的主要风险、未来的工作、推动私人部门资金参与基础设施融资、金融部门与科技、国际金融架构、普惠金融、可持续金融以及国际税收等议题，并发表了联合公报。

会议认为，全球经济增长依然强劲，但增长的同步程度有所下降，短期和中期的下行风险增加，包括金融部门脆弱性上升、贸易和地缘政治紧张加剧、结构性增长疲软等。新兴市场经济体面临资本流动反转等挑战。

会议重申将继续运用货币、财政和结构性改革政策工具来推动经济实现强劲、可持续、平衡和包容性增长。会议重申了 G20 此前关于汇率政策的承诺，强调了进一步就全球贸易进行对话和采取行动的必要性，表示正在开展工作，加大贸易对经济的贡献。陈雨露副行长就可持续金融作了引导发言，介绍了中国人民银行和英格兰银行共同主持的可持续金融研究小组在制定《2018 年 G20 可持续金融综合报告》上的相关工作，肯定了报告对指导可持续金融市场发展的重要意义。

此外，陈雨露副行长还就中国经济金融形势、人民币汇率、加密资产监管、国际金融架构、普惠金融等议题阐述了相关看法和立场。会议期间，陈雨露副行长还应约会见了国际货币基金组织总裁拉加德、第一副总裁利普顿，以及法国财政部副部长奥蒂尔·雷诺-巴索等相关领导人。

什么是中央银行？中央银行是一国最高的货币金融管理机构，在一国金融体系中居于主导地位。中央银行的职能是宏观调控，保障金融安全与稳定，提供金融服务。国家赋予其制定和执行货币政策，对国民经济进行宏观调控，对其他金融机构乃至金融业进行监督管理的权限，地位非常特殊。

（1）中央银行是“发行的银行”。它垄断货币的发行权，是一国唯一的现钞发行机构。中央银行通过货币政策调节流通中的货币量，其目的是制止通货膨胀，维持充分就业，平稳经济周期，并促进经济增长。

（2）中央银行是“银行的银行”。它集中保管银行的准备金，并对它们发放贷款，充当“最后贷款者”。中央银行的业务对象是商业银行与其他金融机构，不是一般的企业和个人。

（3）中央银行是“国家的银行”。这一职能主要表现在以下几个方面：代理国库，代理国家债券的发行，向国家给予信贷支持，保管外汇和黄金储备，制定并监督有关金融管理法规。

此外，中央银行还代表政府参加国际金融组织，出席各种国际会议，从事国际金融活动，代表政府签订国际金融协定；在国内外经济金融活动中充当政府的顾问，提供经济、金融情报和决策建议。

中央银行通常采用三种主要的政策工具来达到自己的调控目的，这三种政策工具分别是法定准备金率、贴现率和公开市场活动。

中央银行的主要政策工具	
法定准备金率	所有存款机构都要把存款的一个最低百分比作为准备金，这个最低百分比就称为准备金率
贴现率	中央银行随时准备把准备金贷放给商业银行时的利率
公开市场活动	中央银行在公开市场上买卖政府有价债券——国库券和债券。当中央银行进行公开市场活动时，它是与银行或企业交易，但不与政府交易

中央银行所从事的业务与其他金融机构所从事的业务的根本区别在于，中央银行所从事的业务不是为了营利，而是为实现国家宏观经济目标服务，这是由中央银行所处的地位和性质决定的。

商业银行的概念是区分于中央银行和投资银行的，它是一个以营利为目的，以多种金融负债筹集资金，多种金融资产为经营对象，具有信用创造功能的金融机构。一般的商业银行没有货币的发行权，传统商业银行的业务主要集中在经营存款和贷款（放款）业务，即以较低的利率借入存款，以较高的利率放出贷款，存贷款之间的利差就是商业银行的主要利润。商业银行的主要业务范围包括吸收公众、企业及机构的存款，发放贷款，票据贴现及中间业务等。它是储蓄机构而不是投资机构，如中国工商银行、中国农业银行、中国银行、中国建设银行、中国邮政储蓄银行、交通银行等。

政策性银行是指由政府创立，以贯彻政府的经济政策为目标，在特定领域开展金融业务的、不以营利为目的的专业性金融机构。将政策性金融与商业性金融相分离，组建政策性银行，承担严格界定的政策性业务，同时实现专业银行商业化，发展商业银行，大力发展商业金融服务以适应市场经济的需要，是我国金融体制改革的一项重要内容。

1994 年，我国组建了三家政策性银行，分别是国家开发银行、中国进出口银行和中国农业发展银行，均直属国务院领导。2008 年 12 月 16 日，国家开发银行股份有限公司成立，成为我国第一家由政策性银行转型的商业银行。

八、了解资金使用的价格，认识神奇的利率

2018 年 7 月 25 日，融创中国控股有限公司发布公告称，公司发行 2020 年到期的 4 亿美元优先票据，利率 8.625%。

公告显示，7 月 24 日，融创、其附属公司担保人及附属公司担保人、质押人与汇丰银行、摩根士丹利、中信银行（国际）、兴证国际、招银国际、国泰君安国际、工银国际及野村就发行 2020 年到期的 4 亿美元 8.625%优先票据订立购买协议。

此次美元票据发行价将为本金的100%；票据将自2018年7月27日（包括该日）起按年利率8.625%计息，利息将从2019年1月27日起，每半年支付一次，即于每年1月27日及7月27日支付。

从公告获悉，融创发行票据旨在优化公司债务结构，支持公司更加健康地持续发展，拟发行票据所得款项净额主要用于为集团现有债务再融资。

利率是借款人为了借款而付出的代价，也是放款人延迟其消费，借给借款人所获得的回报。利率根据计量的期限标准不同，表示方法有年利率、月利率、日利率。

利率表示一定时期内利息与本金的比率，通常用百分比表示，按年计算则称为年利率，其计算公式是：利息率=利息÷本金÷时间×100%。

利率是经济学中的一个重要的金融变量。当前世界各国普遍运用利率杠杆实施宏观调控。合理的利率对发挥社会信用有着重要的意义。

利率通常由国家的中央银行控制，在美国由联邦储备委员会管理。至今，所有国家都把利率作为宏观经济调控的重要工具之一。

当经济过热、通货膨胀的态势上升时，中央银行便提高利率，收紧信贷；当过热的经济和通货膨胀得到控制时，便会把利率适当调低。

在经济萧条时期，中央银行会降低利率，扩大货币供应，刺激经济发展；在膨胀时期则提高利率，减少货币供应，抑制经济的恶性发展。因此，利率是重要的基本经济因素之一。

影响利率的因素主要有资本的边际生产力或资本的供求关系，此外还有承诺交付货币的时间长度以及所承担风险的程度。

利率政策是宏观货币政策的主要措施，政府为了干预经济，可通过变动利率的办法来间接调节国内通货膨胀水平。

基准利率是人民银行公布的商业银行存款、贷款、贴现等业务的指导性利率，利率浮动区间的调整是利率市场化改革的重要环节。央行对此举措的实施一直较为谨慎，多年来一直执行存款利率不能上下浮动，贷款利率可以在基准利率基础上下浮10%至上浮70%的政策。

基准利率是金融市场上具有普遍参照作用的利率，其他利率水平或金融资产价格均可根据这一基准利率水平来确定。基准利率是利率市场化的重要前提之一，在利率市场化条件下，融资者衡量融资成本，投资者计算投资收益，客观上都要求有一个普遍公认的利率水平做参考。因此，基准利率是利率市场化机制形成的核心。

自 2012 年 6 月 8 日起，这一政策开始出现变化，人民银行允许商业银行可以将存款利率上浮最高至基准利率的 10%，利率市场化的步子开始逐渐迈开。

九、货币流通之谜：威力巨大的乘数效应

自然灾害造成一家超市的玻璃橱窗破碎。店主自认倒霉，只好花 1 000 元更换了一块新玻璃。虽然超市店主很倒霉，但他花费的这 1 000 元为整个社会增加了 5 000 元的收入。

玻璃店的老板因为超市橱窗的破碎得到 1 000 元收入，假设他支出其中的 80%，即 800 元用于买衣服，服装店老板得到 800 元收入。再假设服装店老板用这笔收入的 80%，即 640 元用于买食物，食品店老板得到 640 元收入。他又把这 640 元中的 80%用于支出……如此下去你就会发现，最初是超市老板支出 1 000 元，但经过不同行业老板的收入与支出行为之后，所有人的总收入增加了 5 000 元。

总收入增加的原因何在呢？经济学家用乘数原理回答了这一问题。

在社会经济中，增加一笔投资很可能会引起国民收入成倍增加，这就是宏观经济学中的乘数效应。乘数是指最初投资增加所引起的国民收入增加的倍数。在上述例子中，最初的投资就是超市老板购买玻璃的 1 000 元，这种投资的增加引起服装店、食品店等部门收入增加之和为 5 000 元，所以乘数就是 5。

经济学中为什么会有乘数效应呢？因为国民经济中各部门之间是相互关联的，一个部门的支出就是另一个部门的收入。如此循环下去，一个部门支出的增加就会引起国民经济各部门收入与支出的增加，最终收入的增加将是最初支出的好几倍。把这个例子换为财政支出增加，你就可以看出乘数效应的威力是多么巨大了。

例如，政府部门准备投资 100 万元建设小学，其中 30 万元是工资，50 万元是建材，20 万元是其他费用，那么某劳动者在付出价值 3 000 元的劳动后领取工资，然后去消费。假如他把 300 元用于购买食物，200 元用于给孩子买书，300 元

用于买化肥，这样有了这位劳动者的消费刺激，食品生产企业至少得生产足够他消费的食品，但食品生产企业在生产这 300 元的食物之前先得拿出一部分钱向上游原料企业，比如说面粉企业采购，于是，面粉厂在生产面粉的同时又得向农民收购粮食，而生产粮食的农民为了增加产量就得去采购化肥……最终，该劳动者的这 3 000 元刺激了生产，而国家投资的这 100 万元则增加了几百万元的 GDP。

乘数效应在宏观经济政策中具有重要的作用。

在 1997 年东南亚金融危机以及 1998 年全国特大洪灾的打击下，中国仍然保持了 7.8% 的经济增长，其中一个非常重要的原因就是政府将全年基础设施投资增加到 1 万多亿元。正是这一措施带动了国内钢铁、水泥等建筑物资的市场需求，为中国经济正常运转提供了可能性。这一现象反映的正是投资的乘数效应。

同样地，在 2008 年金融危机后，2009 年我国政府实施了 4 万亿元投资，直接的结果便是 2009 年全年 GDP 比上年增长 8.7%，这也是乘数效应的功劳。

由于各经济部门之间都是有关联的，某一部门的投资除了增加该部门的收入之外，还会引起其他部门的连锁反应，从而增加其他部门的投资和收入，最终使国民收入呈几何倍数增长。

为了最大限度地获得这种乘数效应，在选择投资项目时就要着眼于产业链条长、带动效应大的项目，而且要努力创造条件，提升居民消费力，扩大居民消费在国民经济增长中所占的份额。

十、房子和股票是否是货币的蓄水池？

2018 年中国的 M2 货币总量高达 180 万亿，20 年间上涨了 17 倍。而中国的 GDP 在 20 年间只上涨了 10 倍左右，从 1998 年的 8.5 万亿上涨到 2018 年的 82 万亿。

如此巨大的差额让人吃惊！那么，剩下的货币都去了哪里呢？答案是楼市和股市。

1998 年，北京的房价还不到 3 000 元/平米，但在 2018 年，其房价已高达 6 万元/平米，上涨了 20 倍以上；在 1998 年，中国股市总市值才只有 2 万亿人民币，但在 2018 年已达到 42 万亿人民币，上涨了 21 倍。

因此，即使央行在 20 年内发行了超过 17 倍的货币，中国的通货膨胀水平依然很低，就是因为中国拥有两个超级货币蓄水池——楼市和股市。

然而，这两个货币蓄水池正在逐渐失去作用。

从 2018 年开始，中国股市总市值已下跌 25%，从 8 万亿美金迅速跌到 6 万亿美金。现在有大量资金正在不断地离开中国股市，其蓄水池的功能正在慢慢消失。

一直以来就有一种流行的说法，认为中国货币超发多年，M2 快速增长，却没有引起恶性通胀，多亏了房地产作为蓄水池，吸收了大量流动性。其实，稍加分析就可以发现这种说法是无稽之谈。

首先，人们所认为的“货币”其实大部分是信用。货币供应量 M2 的增长并不是靠央行印钞机日夜不停地印刷，而是银行系统的正反馈配合经济系统的借贷，是信用创造与扩张的过程。

银行系统的本质是正反馈。阿基米德说：“给我一个支点，我能撬起地球。”同样，给我一个正反馈的银行系统，我能创造出无穷多的信用，发行无穷多的货币。

央行作为系统的控制者，所能控制的只有基础货币和系统增益，即准备金率 R，但对外部因素，如外汇占款无法控制。中国的基础货币中有 80%以上是外汇占款，央行无法直接控制。因此，从系统分析的角度看，过去这些年，央行并没有超发货币，但外汇占款让央行被动地增加了基础货币，提供了银行系统正反馈的输入。M2 的爆发性增长是外汇占款增加，银行系统的正反馈结合经济系统加杠杆造成的。所谓的“货币超发”其实是来自于外汇占款激增和银行系统的正反馈。

房地产是否吸收了流动性？一个人买房，无论是现金还是银行贷款，最终都流向开发商。而开发商则把售房款用于支付买地款和建筑成本。政府收到卖地款不会闲着，而是花出去，从而让这些流动性最终又回到银行系统的循环之中，变成存款，然后再转换为新的贷款。房地产如果现金购买，那只是在银行不同存款账户之间的转移，不会影响流动性。

房地产如果用贷款购买，则银行发出了贷款，创造了新的信用，增发了货币，增加了流动性，推动了银行系统的正反馈循环。因此，房地产并没有作为蓄水池“吸收”流动性，买房的钱没消失，也没有固化，而是回到了银行系统，参与正反馈循环。与一般人的直觉恰恰相反，房地产行业（包括开发商和买房者）的借贷行为其实是信用创造的核心和关键。房地产行业的借贷行为导致增发了货币，却根本没有发挥蓄水池的作用。

总之，房地产是信用创造的重要环节。流动性并没有在房地产中固化、停滞，而是不断参与银行系统的正反馈信用创造，增发货币。因此，房地产并没有吸收流动性。与之相反，房地产反而是创造流动性的一个重要环节。

股票是股份公司发行的所有权凭证，是股份公司为筹集资金而发行给各个股东作为持股凭证，并借以取得股息和红利的一种有价证券。

当股市资金的净流入大于净流出的时候就形成了牛市，之所以称之为牛市，就是源源不断的资金流入推动着股市上涨，有更多的企业选择在这一节点 IPO、定向增发或者非定向增发。这个时候，股市就是货币的蓄水池。反之就是熊市，而流出的那一部分资金就又会通过各种方式进入其他领域，财富重新得以分配。

资金流入流出是通过 IPO、增发、股票的买入和卖出、分红等方式。

IPO 就是企业将它的股份首次公开发行，也就是出售部分股份换取资金。例如，投资人 A 买了公司甲的首发股份，这个时候投资人 A 的资金就转移到公司甲的账户上。

而后投资人 A 的这一部分股票要通过二级市场进行交易，不管谁再持有，相对应地都要锁定一部分资金。只要股价是上涨的，获得这部分股份的人就要付出更多的资金，而整个过程都是资金的流入过程。

定向增发和非定向增发源于发行股份的对象不同。定向增发是指上市公司对特定的对象发行新股，而非定向增发指的是上市公司对所有股民、机构发行新股。

不过，两者的共同点是都可以通过发行股份获取资金，而这一部分股份过了相应的锁定期之后，也是可以正常上市交易的。

股市和菜市场其实是一样的，只要有交易就需要钱，只是股市的交易标的物是公司股票，只要这一部分股票不退市，它就会随着股价变化，相应地占用同等市值的资金。

在交易过程中，总有一方的资金在这里沉淀下来，你有多少钱才能买入相应多的股票，而不能像买房子一样可以申请贷款。

IPO、定向增发和非定向增发都是在增大股市容量，越来越多的人参与到股市的买卖，并不断地以更高的价格买入、卖出，这都是在拔高股市的高度，拉高股价。

而上述这几种情况都足以说明股市在牛市的时候真的是一个巨大无比的蓄水池，它源源不断地吸收来自四面八方的货币。而股市经历熊市时，资金的净流出大于净流入，以前的蓄水池正在向外倒水。

股市每一轮的上涨下跌，都是财富重新分配的过程。相当一部分财富从民间转移到了官方，也相当于国家对货币进行回收，官方再对这部分财富进行统筹安排。

股市起到的不仅是蓄水池的作用，还是财富的调节器。流入股市的这部分资金越多，带动股价上涨，股指也就越高。如果这部分资金流入到其他领域，就会带动这个领域的物价上涨。

股票作为一个非必需消费品，你觉得它不值这个价就可以不买，但是生活必需品就不一样了，即便价格高得超出常理，为了生计，你也必须要付出高昂的成本去购买。

作为货币的最大蓄水池，如果不是股市吸收了大量的流动性，因信用扩张释放的流动性流向其他领域，会有更多的必需品遭到爆炒，涉及的就不只是股民，可能关系到每一个人，通货膨胀远超过我们的承受力。

股市吸收了流动性，而房地产则恰恰与之相反，它创造了无限的流动性，现在我们手上流通的很大一部分钱就是通过房地产发行的，如果有一天房地产真的不幸倒下了，就会引爆巨大的债务黑洞，而不是产生通货膨胀。因为创造出的货币大量集中在政府、房地产商和富人手中，而债务则增加在大量的普通城市居民阶层身上。

十一、了解多米诺骨牌效应，探寻货币危机的根源

所谓多米诺骨牌效应，指的是在一个相互联系的系统中，一个很小的初始能量就可能产生一系列的连锁反应。

多米诺骨牌效应告诉大家，一种微小的力量能够引起的或许只是我们察觉

不到的渐变，但是它所引发的一连串的反应可能就是翻天覆地的变化。这有点类似于蝴蝶效应，但是比蝴蝶效应更注重过程的发展与变化。

货币危机就经常表现出多米诺骨牌效应。

货币危机有狭义、广义之分。狭义的货币危机与特定的汇率制度（通常是固定货币危机汇率制）相对应，其含义是实行固定汇率制的国家，在非常被动的情况下（例如在经济基本面恶化的情况下，或者在遭遇强大的投机攻击情况下），对本国的汇率制度进行调整，转而实行浮动汇率制，而由市场决定的汇率水平远远高于原先所刻意维护的水平，即官方汇率，这种汇率变动常常难以控制，造成的影响难以容忍，这一现象就是货币危机。广义的货币危机泛指汇率的变动幅度超出了一国可承受的范围这一现象。

随着市场经济的发展与全球化的加速，经济增长的停滞已不再是导致货币危机的主要原因。经济学家们的大量研究表明：定值过高的汇率、经常项目巨额赤字、出口下降和经济活动放缓等都是发生货币危机的先兆。

就实际运行来看，货币危机通常是由泡沫经济破灭、银行呆坏账增多、国际收支严重失衡、外债过于庞大、财政危机、政治动荡、对政府的不信任等情况引发的。具体原因如下图所示。

（一）汇率政策不当

经济学家普遍认为，在国际资本大规模、快速流动的情况下，固定汇率制是不可行的。固定汇率制尽管从名义上来说可以降低汇率波动的不确定性，然而，从 20 世纪 90 年代以来，那些发生货币危机的国家大多实行的是固定汇率制。于是，越来越多的国家开始放弃之前的固定汇率制，如巴西、韩国、泰国等。

不过，这些国家都是因为金融危机爆发而被迫放弃固定汇率制，而一旦他们调整汇率，往往会丧失自信心、产生金融系统恶化和经济增长放缓，甚至政局动荡等不良现象。

（二）银行系统脆弱

在大部分新兴国家，包括东欧国家，银行危机一般是货币危机的先兆。这些国家的银行在资本不足且不受严格监管时，往往会向国外大肆借款，再贷给国内的问题项目。由于借款多数是短期的，而贷款是长期的，再加上借款多数是美元，而贷款多是本币，所以呆坏账就越来越多，经济泡沫变得越来越大，银行系统变得越发脆弱。

（三）外债负担沉重

有些国家所欠外债规模巨大，而且结构非常不合理，直接投资占比非常少，而短期资本投资占比非常大。这就导致在货币危机爆发前，外资在资本投资中所占的比例过于庞大，容易引发债市崩溃，进而引发货币危机。

（四）财政赤字严重

发生货币危机的国家大多存在财政赤字问题。财政赤字越庞大，发生货币危机的可能性就越大。财政危机可以直接引发债市崩溃，从而产生货币危机。

（五）政府信任危机

群众和投资者对政府的信任是金融稳定的前提，政府要想有效防范和应对金融危机，就应该积极争取群众和投资者的支持。如果政府在经济政策上犹豫不决，投资者可能会认为政府不会认真对待收支问题，从而产生不信任感，这种信任危机足以引发货币危机。

（六）经济基础薄弱

只有制造业强大，产业结构合理，金融动荡的可能性才会尽可能缩小。在很多发生货币危机的国家中，有很大一部分是由于产业结构存在缺陷。例如，阿根廷一直存在严重的经济结构问题。20 世纪 90 年代，阿根廷实行了新自由主义改革，不过产业结构调整仍然滞后，农牧产品的出口比例仍然很大，占到 60%，制造业只占 10%。由于近年来国际市场初级产品价格持续走低，再加上一些国家增加对阿根廷的农产品贸易壁垒，阿根廷缺少竞争优势，导致出口不利。

（七）危机跨国传播

由于经济全球化、贸易自由化、区域一体化的发展，尤其是资本跨国流动的便利化，当一国发生货币危机时，十分容易引起邻近国家金融市场的波动，尤其是在新兴市场更为明显。例如，1998 年亚洲的金融危机就源自泰国的泰铢贬值。

第三章

从顶峰到低谷的循环之路——逃不开的经济周期

静止——增长——发展过快——震荡——停滞，经济的发展总是逃不开繁荣到萧条，萧条再到繁荣的周期。经济永远都在成长、衰退和危机之间循环往复，那么繁荣与危机的循环究竟是怎样形成的呢？

一、经济周期：经济扩张与经济紧缩的循环往复

经济运行是有周期性的，就像一年有四季变化一样，呈现周期性波动。什么是经济周期呢？经济周期也称为商业周期、景气循环，一般是指经济活动沿着经济发展的总体趋势所经历的有规律的扩张和收缩，是国民总产出、总收入和总就业的波动反映，是国民收入或总体经济活动扩张与紧缩的交替或周期性波动变化。

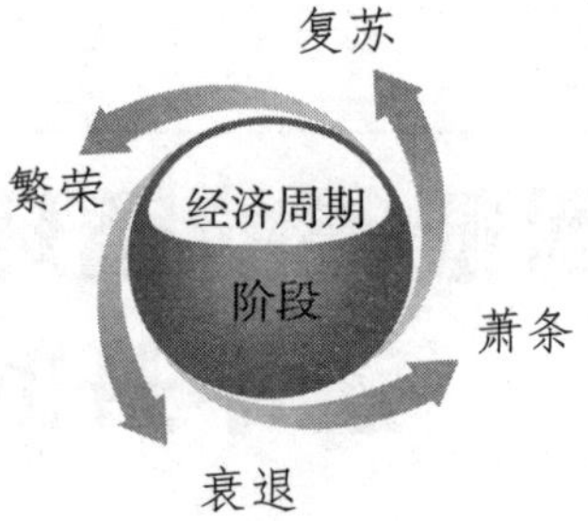

过去把经济周期分为四个阶段——繁荣、衰退、萧条、复苏，表现在图形上叫作顶峰、衰退、谷底和扩张，这也是现在普遍使用的名称。经济周期的特点是国民总产出、总收入、总就业量的波动，它以大多数经济部门的扩张与收缩为标志。经济发展从一个顶峰到另一个顶峰，或者从一个谷底到另一个谷底，就是一次完整的经济周期，持续时间通常为 2~10 年。

经济周期的扩张阶段，是宏观经济环境和市场日益活跃的阶段。这时市场需求旺盛，商品畅销，生产稳中趋升，资金周转灵活。企业的供、产、销和人、财、物都比较好安排。企业处于较为宽松有利的外部环境中。

经济衰退的阶段，指经济出现停滞或负增长的时期，在宏观经济学上通常是指一个国家的国内生产总值连续两个或两个以上季度出现负增长。

经济萧条指规模广且持续时间长的衰退，其明显特征是需求严重不足，生产严重过剩，销售量下降，价格低迷，企业盈利水平极低，生产萎缩，出现大量破产倒闭现象，失业率大大增加。

中国经济已悄然进入“新拐点阶段”，进入经济增速换档期、结构调整阵痛期和前期政策消化期。我们面临的经济形势更加复杂，挑战来自“增长减速”和“结构调整”，来自内部和外部等多个方面，经济运行中不确定性、不平衡性

和脆弱性凸显。在当今的市场经济条件下，企业家们必须密切关注经济形势。作为企业家，只有对经济周期规律完全了解及把握，并能及时制订相应的对策来适应周期的波动，才能在经济波动中掌握主动权，才不会丧失生机。

历史上，很多成功的投资者或企业家都具有敏锐的嗅觉，他们会利用经济周期各个阶段带来的机会，采用合理策略规避风险，并把握其中的机会，从而获得巨大的成功。

作为美国历史上第一位成为亿万富翁的投资者和企业家，拥有“石油大王”称号的洛克菲勒可谓谱写了一段传奇。

洛克菲勒投资成功的原因有很多，其中一条重要的原因是他善于把握经济周期规律，能够比较准确地预知经济周期的剧烈波动以及金融危机的到来，能够赶在经济过热时期，抛售高价位的资产和企业，而当经济进入萧条或危机时期，他又敢于收购低价位的资产和企业。

在他较为活跃的时期，美国曾在 1893 年和 1907 年爆发过两次金融危机。洛克菲勒非常敏锐地察觉到金融危机的到来，提前一两年就做好了万全的准备，一旦出现危机消退的苗头，就开始大力收购资产和企业，为自己及其企业赚取了不菲的收入。

因此，把握经济周期规律非常重要，因为经济周期中既可能出现经济困境，也可能显现出难得的机会。

近年来，国内外经济环境日趋复杂，经济形势不容乐观。有专家分析，中国经济下行的压力还是存在的，原因是经济增长动力还不够强劲，国家提出把内需和创新作为新的增长动力，但由于收入增长受到遏制，消费需求在短期内没有太大的亮点；而在创新方面，虽然近些年取得了一些成绩，但创新需要时间。

2018 年至 2020 年，中国经济还将处于紧缩阶段，在“去杠杆”时期，经济不可能扩张，而在这一时期，更有赖于创业创新。

二、经济周期是如何形成的?

经济周期形成的原因有很多，主要包括外因论和内因论。外因论认为，经济周期源于经济体系之外的因素——太阳黑子、战争、革命、选举、金矿或新能源的发现、科学突破或技术创新等；而内因论认为，经济周期源于经济体系内部——收入、成本、投资等，是这些因素在市场机制作用下的必然现象。

经济周期形成的原因	
外因论	内因论
太阳黑子理论	纯货币理论
创新理论	投资过度理论
政治性周期理论	消费不足理论
	心理理论

（一）外因论

外因论分为太阳黑子理论、创新理论与政治性周期理论。

太阳黑子理论把经济的周期性波动归因于太阳黑子的周期性变化。因为据说太阳黑子的周期性变化会影响气候的周期变化，进而影响农业收成，而农业收成的丰歉又会影响整个经济。因为太阳黑子每 10 年左右出现一次，所以经济周期大约也是每 10 年一次。

创新理论把周期性的原因归之为科学技术的创新，因科学技术的创新不可能始终如一地持续不断地出现，从而必然有经济的周期性波动。

政治性周期理论把经济周期性循环的原因归之于政府的周期性的决策，主要是为了循环解决通货膨胀和失业问题。

（二）内因论

内因论分为纯货币理论、投资过度理论、消费不足理论以及心理理论。

纯货币理论认为货币供应量和货币流通度直接决定了名义国民收入的波动，而且经济波动完全是由于银行体系交替地扩张和紧缩信用所造成的，尤其以短期利率起着重要的作用。

投资过度理论把经济的周期性循环归因于投资过度。由于投资过多，与消费品生产相比，资本品生产发展过快。资本品生产的过度发展促使经济进入繁荣阶段，但资本品过度生产导致的过剩又会使经济进入萧条阶段。

消费不足理论的出现较为久远，该理论一个很大的缺陷是只解释了经济周期危机产生的原因，而未说明其他三个阶段。

心理理论和投资过度理论是紧密相连的。该理论认为经济的循环周期取决于投资，而投资大小主要取决于投资者对未来的预期。经济波动的最终原因取决于人们对未来的预期。当预期乐观时，增加投资，经济步入复苏与繁荣；当预期悲观时，就会减少投资，经济则陷入衰退与萧条。随着人们情绪的变化，经济也就出现周期性波动。

那么，市场经济自身是否能够摆脱经济周期的影响，保持一个长期性的稳定增长呢？答案是否定的。

不平衡是市场经济的特质，这就导致其一定会产生“极化现象”。所谓“极化现象”，是指众多的投资者将资金投向某一方向或领域，最终形成产业或区域间发展极不平衡的局面，某些产业或某些区域出现极度过热现象。当极化现象达到一定的程度，就会出现逆转，其结果就会产生经济周期。

一般情况下，依靠市场这只“看不见的手”就可以纠正市场主体的行为，使经济回归到正常、稳定的发展轨道。然而，如果经济周期波动幅度过大，爆发了金融危机，此时市场调节机制就出现了问题，自发解决问题的过程会很长，付出的代价过大。

经济学界对此已达成共识：当经济周期波动幅度过大，爆发金融危机时，政府应当介入。

三、房地产泡沫真的存在吗？

前几年，上海、北京等一线城市房地产价格的暴涨又让大家有了很多想象的空间，很多人都在惊呼：泡沫又来了！

那么，经济学上是如何定义泡沫的？荷兰历史上曾经出现过更离谱的“郁金香狂潮”“天下第一泡沫”，其表面的“非理性”背后，却有着符合经济规律和常识的现实。

当今流行的“泡沫”术语，原型之一就是郁金香投机狂潮。17世纪，荷兰郁金香球茎的市价大涨。当时单个球茎据说可以卖到 5 500 荷兰盾——那时候，120 荷兰盾能买 1 头牛或 4 头猪，192 荷兰盾能买 2 吨黄油。荷兰盾是金币，5 500 个货币单位含黄金 110 盎司，以现在的金价计算，价值 33 000 美元。而在“泡沫破灭”之后，球茎价格狂跌到不足“盛市”时的十分之一。

所谓泡沫，指的是资产在一个连续的交易过程中陡然涨价，价格严重背离实际价值，在这时的经济中充满了并不能代表物质财富的货币泡沫。

什么是泡沫经济？《辞海》中这样定义泡沫经济：虚拟资本过度增长，相关交易持续膨胀，日益脱离实物资本的增长和实业部门的成长，金融证券、地产价格飞涨，投机交易极为活跃的经济现象。泡沫经济寓于金融投机，造成社会经济的虚假繁荣，最后泡沫必定破灭，导致社会震荡，甚至经济崩溃。

泡沫经济往往伴随着商品价格的大起大落，但泡沫经济不是一般意义上的商品价格涨落，而是专指由过度投机而导致的商品价格严重偏离商品价值，先暴涨后骤跌的现象，是社会资金过于集中某一部门，同一商品反复转手炒卖而导致该部门短期内扭曲膨胀，生产部门因缺乏足够的资金而长期衰退的一种必然结果 。也就是说，资产价格在上涨到难以承受的程度时，必然会发生暴跌的现象，繁荣的表面终究难逃破灭的结局。

房地产泡沫是泡沫经济中的一种，是以房地产为载体的泡沫经济，是指由于房地产投机引起的房地产价格与使用价值严重背离，市场价格脱离了实际使用者支撑的情况。

房地产泡沫的主要特征有：房地产价格波动幅度较大，没有稳定的周期和频率，货币供应量在房地产经济系统中短期内急剧增加等。

关于房地产泡沫的成因有以下三个方面。

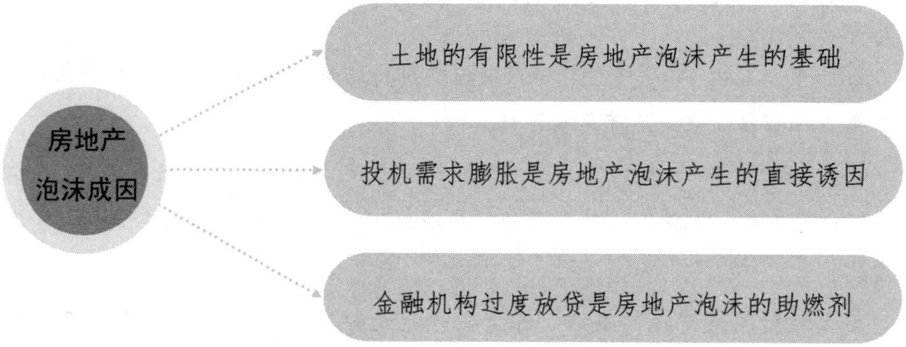

（一）土地的有限性是房地产泡沫产生的基础

“居者有其屋”是每个人的基本愿望，也是社会最基本的福利要求。当经济处于上行阶段时，国家重点投资基础设施和房屋建设，此时土地资源变得十分有限，由于供给小于需求，土地价格呈上升趋势，很多企业或者私人投资者会将资金投向房地产，以获得价格上涨的收益。由于人们对房地产价格有了良好预期，便出现了大量炒作房地产的行为，推动了房地产价格疯狂上涨。

（二）投机需求膨胀是房地产泡沫产生的直接诱因

为了通过房地产投资获得巨大收益，很多投资者纷纷买楼，但并不是为了居住，而是为了等待房价上涨后赚取差价。一旦很多人都有了这种想法，房地产市场投资便会呈现剧烈的增长态势，拉动房价持续上涨，房地产泡沫随之产生。

（三）金融机构过度放贷是房地产泡沫的助燃剂

由于房地产是不动产，便于查封、保管和变卖，使银行部门认为这种贷款风险很小，在利润的驱使下，银行也非常乐意向房地产投资者发放以房地产作抵押的贷款。此外，银行部门还会过于乐观地估计抵押物的价值，从而增强了借款人投资于房地产的融资能力，进一步地加剧了房地产价格的上涨和产业的扩张。可以说，没有银行等金融机构的配合，可能就不会有房地产泡沫的产生。

我们把判断房地产泡沫的标准归纳为“五高”，即投资的持续超高增长，消费的持续超高增长，房价持续大幅攀高或持续居高不下，房地产投资所占比重高以及房价收入比明显偏高。

这“五高”之间一般具有很强的关联性，不仅高，而且是持续性的高。我们所定义的持续标准是连续 2 年以上。而高或超高的界限大致为：所谓投资和消费超高增长是指房地产投资和消费的年增长率超过 GDP 增长率的 2 倍以上；而房价高一是绝对价位高，二是短期内房价增长过快，房价年均增长达到或接近 2 位数；房地产投资所占比重高指超过 25%以上；房价收入比高是指超过 6∶1，甚至超过 8∶1。按以上标准，我国房地产的确出现了泡沫现象，而且在一些地区还比较严重。

房地产泡沫一旦破裂，便会产生以下严重后果。

（一）经济和社会结构失衡

房地产泡沫的存在意味着投资于房地产会得到更高的投资回报。在泡沫经济期间，大量的资金向房地产行业聚集。大量的资金流向房地产行业，意味着生产性企业缺乏足够的资金，或者说难以用正常的成本获得生产所需的资金。

（二）金融危机

房地产行业与银行的关系密切，主要是由房地产行业投入大、价值高的特点决定的。一旦房地产泡沫破灭，银行就成为最大的埋单者。银行与一般企业不同，安全性对其来说特别重要。银行的倒闭不仅仅是这家银行自身的事情，往往还会引起连锁反应。

（三）引发政治和社会危机

随着房地产泡沫破灭和经济危机的发生，大量的工厂倒闭，失业人数剧增。由于人们对日益恶化的经济危机心存不满，社会危机逐渐加剧，社会开始动荡不安。

房地产泡沫的破灭往往伴随着经济萧条，股价下跌，企业财务运营逐渐陷入困境。股价下跌使企业发行的大量可转换公司债权在长期内不能转为股权，从而给企业带来巨额的偿债负担。

四、信心造就商业繁荣，乐观让经济变好

北京时间 2018 年 7 月 31 日，总部位于纽约的世界大型企业研究会发布的数据显示，随着美国人对经济和劳动力市场愈加乐观，消费者信心指数在 7 月份温和升高。

消费者信心指数从 6 月的 127.1 升至 127.4。现状信心指数从 6 月修正后的 161.7 上升至 165.9。消费者预期指标连续两个月下滑，从 104 下降至 101.7。12 个月通胀预期指标攀升至 2015 年 10 月以来的最高点。

目前健康的劳动力市场和强劲的经济增长抵消了消费者 7 月份对贸易紧张局势未来几个月将如何影响就业和价格的担忧。美国经济增长率第二季度加速到 4.1%，是 2014 年以来的最大增速。

虽然报告显示未来六个月的商业状况、就业和收入预期都有所改善，但预计这些方面恶化的消费者比例也将升高。计划未来六个月内购买汽车的消费者比例从两年低点小幅升高，购房预期指标下降到两年来的最低水平。美国抵押贷款利率一直徘徊在七年高位附近。

信心有多重要？在一个充满阻力的世界里，信心比你想象的还重要。真实经济周期理论（Real Business Cycle Theory）简称RBC理论，该理论认为，经济波动主要是由随机性变化的技术冲击所造成的，是理性人面对技术冲击时所做出的最优选择的结果，因为是帕累托最优的，政府无需干预。因此可以得出，经济周期有可能自我实现。换句话说，如果我们对未来足够乐观，经济就真的会变好。

工人预期经济增长，于是要求提高工资待遇。低生产率的企业无法承受，只能退出市场，资源流向生产率更高的企业。而要接收这些产能，就需要更多的资金支持。因为经济结构得到了优化，生产力水平提高了，这些企业的预期市值也随之上涨，所以信贷限制放松，成功获得更多的资金，劳动需求因此增加。当这个乘数效应足够大时，劳动需求就有可能超过供给，从而实现自我预期的繁荣。

在这里，信贷约束被放松的关键在于固定成本的设定。产出增加，固定成本被稀释，平均成本下降，资金的使用效率得到提高，因而能够获得更多的贷款。另一种异曲同工的设定是让其内生化，如果家庭可以通过诉讼来追索自己的债务，他们借款的积极性自然也能够提高。

民众对未来经济预期良好时，经济更容易变好，而民众对未来经济普遍持悲观态度时，未来经济可能真的就不如人意。

五、神奇的反经济周期现象：大萧条催生大电影

按照历史规律，经济越萧条，电影业反而越繁盛。上世纪20年代末，人们即使到了排队领取救济的地步，也会挤出几枚硬币买票观看疯狂喜剧、热闹歌舞片以及秀兰·邓波儿的甜美脸蛋。在1929年，好莱坞更是顺势举行了第一届奥斯卡颁奖礼，每张门票售价10美元。

在过去的几十年里，美国遭遇了7次经济不景气。但是在这7次中，有多达5次让当年的电影票房反而急剧攀升。经济危机好像是好莱坞的巨大动力，无论是“疗伤

影片”还是现实题材，都能在经济震荡中获得利益。同时，压缩的制作成本，也促使制片商更用心，更审慎。因此，在最艰难的时刻，往往也能催生出最伟大的电影。

最著名的当属派拉蒙公司在20世纪70年代石油危机中拍摄的《教父》系列。1972年《教父1》上映，这个充满了“玫瑰血腥”的黑手党的故事，几乎成了之后全世界“黑帮片”的代名词。

80年前，罗斯福执政时的美国经济危机时代，带领美国人走出精神困境的是一只叫“米奇”的老鼠，米老鼠为沮丧的人们打开了一扇明亮的窗。80年后的今天，好莱坞依然没有放开“疗伤电影”这根稻草。好的疗伤电影，就好比一束忘忧草、一针强心剂，它除了能缓解经济萧条中受众的恐慌与焦虑情绪外，还有效地繁荣了电影产业。

反“经济周期”，就是和经济发展的现状有着较大不同，比如经济发展势头很好，此时电影产业若发展低迷或一般，则为反“经济周期”；反之，经济发展放缓，甚至出现经济危机，电影产业的发展却劲头十足，这也是反“经济周期”的现象。

萧条时期，消费者最大的变化是金钱减少，压力增加，此时有助于消费者省钱的商品，以及有助于消费者抗压疗伤的商品就成为了能逆市而上的“口红商品”。20世纪30年代的美国文化产品单一，电影是最廉价的娱乐方式，成就了美国电影首次在经济大萧条时期电影票房急剧攀升的盛景。

口红效应是大萧条的伴生现象，也叫“低价产品偏爱趋势”，是在20世纪30年代美国经济大萧条时期首次出现的经济理论。口红效应是指因经济萧条而导致产品热卖的一种现象。在经济下行、消费力低下的时期，商家们给买不起车和房的人们制造了一个新的消费理由：购买“轻奢侈品”，即廉价的奢侈品来安慰、犒劳自己。

遇上经济大萧条时期，食品消费金额大幅压缩，但食品总消费量不可能减少。于是，消费者便都盘算着不买价格贵的肉、面包，而是多买廉价的土豆，导致土豆需求量上升。1845年，爱尔兰发生饥荒，土豆成为当时最抢手的商品。

除此之外，因为经济不景气，大家都改变了出去吃饭的习惯，导致一些诸如微波炉之类的家用小电器的销量猛增。一些精于烹饪的高手更是准确计算出烹饪同样的食物或蒸同量的米饭，微波炉比电磁炉节能 65%，比天然气节能 40%。当收入预期越来越不乐观的时候，多使用微波炉成为人们省钱的妙招。

第四章

我们为什么要纳税？——有关税务的那些事儿

纳税是每个公民应尽的义务，这无疑和我们每个人的生活都密切相关。大至国家教科文卫、国防建设等各项事务开支，小至修路架桥，甚至每家每户的防火防盗，都需要国家来统一处理。国家处理这些公共事务当然需要财政支持，而我国财政收入的 85.3%来自税收。因此，我们可以从中看出公民缴税的重要性和必要性。

一、到底何为税收？揭秘税收的真相

税收是指国家为了向社会提供公共产品，满足社会共同需要，按照法律规定参与社会产品的分配，强制、无偿取得财政收入的一种规范形式。税收在本质上来说是一种特殊的分配方式。

不过，与其他分配方式相比，税收具有以下特点。

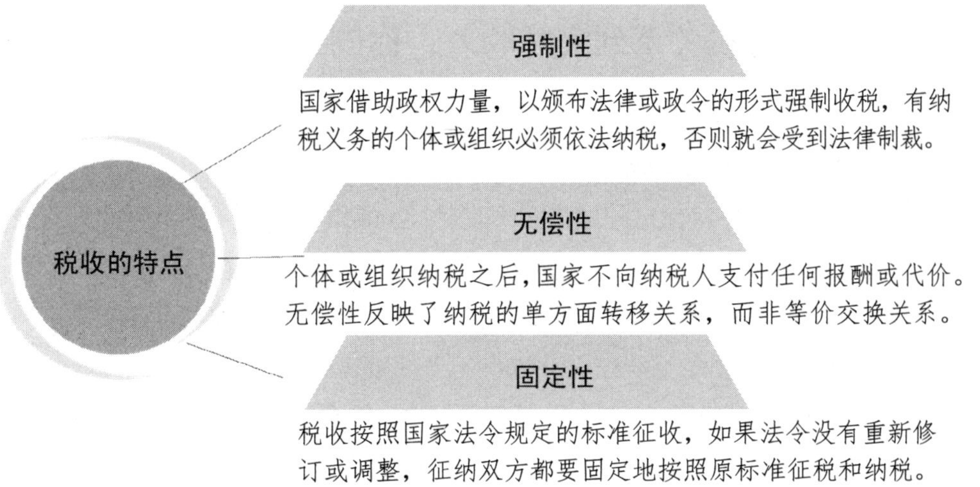

在现代国家，税收需要符合以下几个标准。

第一，收入来源方面，一国绝大部分财政收入必须依靠大众税收，要普遍、平等、直接、规范地征收于公众的收入或财产。也就是说，国家的财政基础是大众的私人财产，要毫不含糊地承认，是纳税人支撑着国家，而并非相反。

第二，支出方面，要体现税收“用之于民”，其用途主要是提供公共服务，以实现公共利益。这可以从财政支出的类别与比重来体现，看其支出类别是不是多为民生项目，支出比重是不是民生项目占据绝对份额。

第三，财政管理方面，收支过程要透明公开，事先由预算控制，但最终要控制在社会公众手中。也就是说，应该遵循以下程序：花钱的项目和金额，事先经民意代表审议批准，事中由民意代表监督检查，事后接受民意代表的审计与问责。

作为社会财富的一种分配方式，税收可以起到经济杠杆作用。政府凭借国家强制力参与社会分配，或多或少会改变个体或组织在社会收入分配中占有的份额，减少其可支配收入，从而影响其经济活动的能力和经济行为，进而对社会经济结构的变化产生深远的影响。政府可以合理利用这一点，有目的地引导社会经济活动，调整社会经济结构。

与此同时，国家征税的过程必然要建立在十分细致的税务管理基础上，在此情况下，政府可以监督纳税行为，同违反纳税法令的行为做斗争，维护社会经济秩序。

二、个人所得税关系到实际收入，你该缴纳多少税？

个人所得税是国家对本国公民、居住在本国境内的个人所得和境外个人来源于本国的所得征收的一种所得税。

个人所得税的免征额已经做过多次改动：2006 年，个人所得税免征额为每月 1 600 元；2008 年，个人所得税免征额上升为每月 2 000 元；从 2011 年下半年开始，个人所得税免征额又上升为每月 3 500 元；自 2018 年 10 月 1 日起，个人所得税免征额再次上升为每月 5 000 元，即每年 6 万元。

个人所得税的征税范围非常广，包括工资薪金所得、劳务报酬所得、稿酬所得、特许权使用费所得、经营所得、债权股权收益所得、财产租赁所得、财产转让所得、偶然所得以及其他所得。

其中，经营所得包括个体工商户的生产经营所得和对企事业单位的承包经营、承租经营所得；债权股权收益所得是指个人拥有债权、股权而取得的利息、股息以及红利所得；偶然所得是指各种机遇性所得，例如得奖、中奖、中彩等。

个人所得税是大家比较关心的话题，尤其是新个税法的颁布与实施，人们非常想知道自己应纳税的金额到底是多少。2019 年 1 月 1 日起，正式实施新个人所得税法。应纳税所得额的计算公式为。

应纳税所得额=月收入−5 000 元−专项扣除−专项附加扣除−依法确定的其他扣除

其中专项附加扣除项目对人们的实际收入影响十分巨大，很多人由于符合条件，在扣除某些项目的额度以后，甚至不用缴纳个人所得税或者少缴很多。

2019 年新加了一些专项附加扣除项目，这些项目费用都是在税前扣除。下面我们来看一下都有哪些专项附加扣除项目。

（一）子女教育

子女教育包括学前教育和学历教育，对每一名子女，父母都可以选择由一方每月扣除 1 000 元，或者双方每月扣除 500 元，经确定以后在一个纳税年度内不能变更。

（二）继续教育

继续教育包括学历教育和技能教育，学历教育可以享受每月 400 元的扣除额度，技能教育则需要在取得技能资格证书的相关年度才能扣除，按照每年 3 600 元定额扣除。

（三）首套住房贷款利息

纳税人本人或者配偶使用商业银行或者住房公积金个人住房贷款为本人或配偶购买住房，发生的首套住房贷款利息支出，偿贷期间按照每月 1 000 元的标准定额扣除。

对于这一项，应注意扣除期限最多不能超过 240 个月，即 20 年，而且非首套住房贷款利息支出也不得扣除，并且纳税人或者配偶只能享受一套首套住房贷款利息扣除。

（四）住房租金

纳税人本人及配偶在纳税人的主要工作城市没有住房，租赁住房所产生的租金支出，可以按照以下标准定额扣除。

（1）直辖市、省会城市、计划单列市以及国务院确定的其他城市租房：每月 1 500 元。

（2）其他市辖区户籍人口超过 100 万的城市租房：每月 1 100 元。

（3）其他市辖区户籍人口等于或少于 100 万的城市租房：每月 800 元。

（五）赡养老人

纳税人赡养 60 岁以上父母以及其他法定赡养人的赡养支出，可以按照以下标准定额扣除。

纳税人为独生子女的：每月 2 000 元。

纳税人为非独生子女：与兄弟姐妹分摊每月 2 000 元。

（六）大病医疗

一个纳税年度内，在社会医疗保险管理信息系统记录的（包括医保目录范围内的自付部分）由个人负担超过 15 000 元的医药费用支出部分，为大病医疗支出，可以按照每年 80 000 元标准限额内据实扣除。

实施新个税法之后，居民个人缴税可以运用预扣预缴的方法。那么，个人所得税预扣预缴是如何计算的？预扣预缴率是多少？

个人所得税预扣预缴分为两种类型。

（一）工资、薪金所得个人所得税预扣预缴

本期应预扣预缴税额=（累计预扣预缴应纳税所得额 × 预扣率-速算扣除数）–累计减免税额–累计已预扣预缴税额

累计预扣预缴应纳税所得额=累计收入–累计免税收入–累计减除费用–累计专项扣除–累计专项附加扣除–累计依法确定的其他扣除

工资、薪金所得个人所得税预扣率如下表所示。

级数	累计预扣预缴应纳税所得额	预扣率（%）	速算扣除数
1	不超过 36 000 元的部分	3	0
2	超过 36 000 元至 144 000 元的部分	10	2 520
3	超过 144 000 元至 300 000 元的部分	20	16 920
4	超过 300 000 元至 420 000 元的部分	25	31 920
5	超过 420 000 元至 660 000 元的部分	30	52 920
6	超过 660 000 元至 960 000 元的部分	35	85 920
7	超过 960 000 元的部分	45	181 920

（二）居民个人劳务报酬所得预扣预缴

个人劳务报酬所得应预扣预缴税额=预扣预缴应纳税所得额 × 预扣率–速算扣除数

稿酬所得、特许权使用费所得应预扣预缴税额=预扣预缴应纳税所得额 × 20%

个人劳务报酬所得、稿酬所得、特许权使用费所得以收入减除费用后的余额为收入额。其中，稿酬所得的收入额减按 70%计算。

在减除费用方面，劳务报酬所得、稿酬所得、特许权使用费所得每次收入不超过 4 000 元的，减除费用按 800 元计算；每次收入 4 000 元以上的，减除费用按 20%计算。

居民个人劳务报酬所得税预扣率如下表所示。

级数	预扣预缴应纳税所得额	预扣率（%）	速算扣除数
1	不超过 20 000 元的	20	0
2	超过 20 000 元至 50 000 元的部分	30	2 000
3	超过 50 000 元的部分	40	7 000

如果不想个人缴税，也可以通过指定扣缴义务人申报来缴税，一般来说，扣缴义务人就是用人单位。用人单位在申报时，需要事先下载个人提交的专项附加扣除信息，这样就能算出准确的专项附加扣除额度，从而准确计算出个人所得税。通过用人单位缴税有一个好处，那就是不用再去税务部门办汇总清缴了，更为方便。

三、企业所得税，符合哪些条件能少缴税？

企业所得税是对我国内资企业和经营单位的生产所得和其他所得征收的一种税。企业所得税的实际纳税人是所有实行独立经济核算的境内内资企业或其他组织，包括国有企业、集体企业、私营企业、联营企业、股份制企业以及有生产经营所得和其他所得的其他组织。

关于纳税对象，企业所得税的征收对象包括销售货物所得、提供劳务所得、转让财产所得、股息红利所得、利息所得、租金所得、特许权使用费所得、接受捐赠所得以及其他所得。

当然，并不是所有企业都要缴纳企业所得税，例如个人独资企业、合伙企业就不用缴纳企业所得税，只需要缴纳个人所得税即可，以避免重复征税。

企业所得税的应缴税额到底是多少呢？这可以根据以下公式算出来。

企业应纳所得税额=当期应纳税所得额×适用税率

当期应纳税所得额=收入总额−准予扣除项目金额

企业所得税的税率是用以计算企业应纳税金额的法定比率，一般为25%，当然也有特殊情况，如果是国家需要重点扶持的高新技术企业，就会减按15%的税率征收企业所得税。

并不是企业的所有收入都要进入纳税范围。国家为了鼓励和扶持企业或者某些特殊行业的发展，会采取灵活的调节措施，进行企业所得税减免。

对企业所得税进行减免的项目包括以下几种。

（1）企业所属行业为国家和政府重点扶持，鼓励发展的产业，能够享受一定的企业所得税优惠。免税收入包含了企业的国债利息收入、相关居民企业之间的机构、红利等投资收益。

（2）农业、林业、牧业、渔业等行业的经营所得，投资部分国家重点关注支持的公共基础设施项目所获得的经营收入，保护环境、节能节水项目的经营投资所得与技术的转移转让收入，都属于免征企业所得税的项目。

（3）对于一些符合条件的小型微利企业，减免 20%的税率；高科技和新技术型企业，以15%的税率征收企业所得税。

从2019年开始，小型微利企业不再区分工业企业和其他企业的不同认证标准，统一为：同时符合年应纳税所得额不超过 300 万元，从业人数不超过300人，资产总额不超过5 000万三个条件的企业。这类企业可以享受到小型微利企业的企业所得税优惠。

（4）某些自治地方区的部分企业也可以获得免缴企业所得税的福利，但需要先申报到省和自治区、直辖市人民政府获得批准，然后才能实行。

四、增值税，由消费者买单的间接税

山东财政局和税务局联合印发《关于实施增值税小规模纳税人税费优惠政策的

通知》，确定对增值税小规模纳税人减半征收资源税、城市维护建设税、房产税、城镇土地使用税、印花税（不含证券交易印花税）、耕地占用税、教育费附加费、地方教育附加费等地方“六税两费”。

在增值税减免方面，直接提高了增值税起征点，将暂免征收增值税的小规模纳税人的月销售额上限由 3 万元提高到 10 万元。

增值税是指以单位和个人生产经营中取得的增值额为纳税对象的一种税收方式。通俗地说，增值税只对产品或服务在流转过程中增加的那一部分价值征税。到目前为止，增值税成为中国最大的税种，税收收入占总税收的 60%以上。

增值税到底是一种什么样的税收方式呢？其实增值税兼具流转税和中性税两种属性。

（一）增值税是流转税

流转税又称流通税，指以纳税人商品生产、流通环节的流转额或者数量以及非商品交易的营业额为征税对象的一类税收，是国家财政收入的重要来源。

举个简单的例子：服装厂生产毛衣，出厂价为 100 元，代理商拿到货以后售价为 150 元，代理商只就增加的 50 元缴纳增值税；经销商从代理商那里拿到货以后，卖给批发商的售价为 180 元，经销商只就增加的 30 元缴纳增值税；批发商再卖给零售商，售价为 200 元，批发商只就增加的 20 元缴纳增值税；零售商以 250 元的价格卖给销售者，零售商只就增加的 50 元缴纳增值税。一件毛衣从出厂价 100 元涨到 250 元，最后的涨幅由顾客买单。

（二）增值税是中性税

在营改增之前，营业税是每一个环节都要扣税的，而增值税只承担自己增值的那一部分税负。也就是说，增值税属于间接税，下家不承担上家的税负，最后由消费者承担。换句话说，消费者才是真正的纳税人，而缴纳增值税的只不过是负税人。

由于增值税只就增值的部分征税，避免了重复征税，相对来说属于中性税。

所谓中性税，是指国家在设计税制时，没有考虑或者几乎不考虑税收对宏观经济的作用，而是由市场进行资源配置，不扰乱市场经济运行。但由于增值税涉及的范围很广，多少会影响纳税人的经济活动，所以完全意义上的中性税是不存在的，增值税只是相对意义上更接近中性税。

那么，增值税公平不公平？由于只就自己增值的部分纳税，从这个角度来说，相对比较公平。但增值税率在不同行业是不同的，例如，2019 年销售货物的增值税率为 13%，建筑行业的增值税率为 19%，而软件开发行业的增值税率为 6%，而且国家会对某些行业实行税收优惠减免甚至免税，这样一看也不太公平。不过，税收具有强制性，没有绝对的公平，只有相对的公平。

五、消费税，在增值税基础上有所选择的税收

消费税是以消费品的流转额作为征税对象的各种税收的统称，是政府向消费品征收的税项。消费税是在 1994 年税制改革中在流转税中新增加的税种，实行价内税，也就是说，只在应税消费品的生产、委托加工和进口环节征税，而之后的批发、零售等环节由于价款中已经包含消费税，就不用再缴纳消费税。

当然，消费税和增值税一样，也是间接税，税款最终由消费者承担。就其本质而言，消费税是特种货物与劳务税，而不是在零售和消费环节征收的税。

增值税的征收范围比较广，消费税则是在增值税的基础上再对某些消费品征税，从而能够调整产品结构，引导消费方向，同时增加财政收入。

消费税有所选择，国家根据宏观产业政策或者消费政策的要求，有目的、有重点地选择对某些消费品征收消费税，以限制某些特殊消费品的消费需求。

那么，国家对消费税的征收范围是怎样的呢？国家主要向以下五种类型的消费品征收消费税。

类型	具体消费品
过度消费有害健康、生态或者秩序的特殊消费品	烟、酒、鞭炮、烟火等
奢侈品、非生活必需品	贵重首饰、高档手表、游艇等
高能耗以及高档消费品	小轿车、摩托车等
不可再生和替代的稀缺资源消费品	汽油、柴油、木制一次性筷子、实木地板等
具有一定财政意义的消费品	化妆品、汽车轮胎等

消费税一共设置了 25 个税目，其中有 21 个税目实行比例税率，其余 4 个实行定额税率，也称为单位税额。消费税税率形式主要根据课税对象的情况来确定。

如果消费品的供求基本平衡，价格差异不太大，计量单位比较规范，一般实行定额税率，这种税率计税简单，如啤酒、成品油等；如果消费品的供求矛盾突出，价格差异较大，计量单位不规范，一般实行比例税率，如香烟、白酒、化妆品、汽车轮胎、贵重首饰等。

在征税时，一般只对一种消费品选择一种税率形式，但为了保全消费税税基，某些消费品，比如卷烟、白酒等则需要采用比例税率和定额税率双重形式进行征税。

税率还分为 13 个档次，最低为 3%，最高为 56%，其中烟、酒、高档消费品和成品油的税率较高。正是因为消费税的存在，进口汽车和化妆品的价格比国外贵得多。

消费税的选择性影响了纳税环节，本来消费税主要是在生产、委托加工及进口环节征收，但也有例外，金银首饰的消费税就需要零售者在零售环节缴纳，而卷烟则是在批发环节缴纳加征的消费税。

当然，随着社会的发展和人民生活水平的提高消费税也会不断修正。比如，1994 年刚征收消费税时，里边包含护肤护发品，当时主要考虑这类产品的价格较高，不属于大众消费品，征税可以调节消费行为，同时增加财政收入。不过，随着经济的不断发展，人们的生活水平和消费结构发生了巨大变化，护肤护发品已经十分普及，成为大众消费品。因此，为使消费税政策更加适应消费结构的变化，正确引导消费，国家于 2006 年便取消了护肤护发品税目，将原属于高档护肤类化妆品列入化妆品税目。

第五章

社会财富是如何分配的？
——劳动、就业与收入分配

工作是我们走向成功的起点。不同的工作岗位只是代表社会分工不同，没有高低贵贱之分。在共筑中国梦的道路上，要充分认识自我，明确自身优势，找准定位，朝自己的梦想扬帆起航。在本章中我们将会了解劳动力市场的供给与需求，失业与经济增长，失业与通货膨胀，“人口红利”以及收入分配的知识。

一、洞察社会分工，发现社会发展的动力

社会分工是超越一个经济单位的社会范围的生产分工，包括农业、工业等部门的一般分工以及把这些大的部门再分为重工业、轻工业、种植业、畜牧业等产业或行业的特殊分工。

社会分工使生产力得到发展，提高了劳动生产率，于是更多的产品被生产出来。劳动产品自给自足后，还出现了剩余。随着专业化和社会分工的不断发展，交换行为随之出现，于是形成了市场。对人类来说，没有社会分工，市场经济也就无从谈起。

社会分工和专业化生产可以大大提高生产效率，这是企业经营发展的根本原因。企业中的各个职能部门各司其职，财务部门负责财务管理工作，销售部门负责具体的销售工作，行政部门负责公司的日常事务等。由于分工明确，各个部门便能高效率地完成各自的工作。试想一个人如果同时做几件事，一定会力不从心，注意力无法集中，最后只能是效率不高，效果也不好。

正是由于专业化分工，企业生产的规模才会不断扩大，逐渐降低企业的平均成本，实现规模效益。

社会化的大生产促进社会分工产生变化，且分工越来越细化。

英特尔公司在制造计算机中央处理器方面是其他厂家无法比拟的，而微软生产的视窗系统软件又几乎垄断了 PC 机的操作系统，其他的还有三星、索尼、飞利浦的显示器，爱普生、佳能、惠普的打印机等。

专业化的分工促进了专业技术的进步，从而成就了企业在某一领域的霸主地位。分工的细化有利于社会生产力的发展，企业可以集中所有的人力、物力和财力对某产品进行研究和生产。

由于社会不断发展，科学技术日新月异，有的行业跟不上时代的步伐便开始逐渐衰落，甚至退出历史舞台；而一些新兴行业正在朝气蓬勃地发展。随着改革开放的不断深入，第三产业日益繁荣，以智力为资本的知识经济产业前景一片大好，包括咨询业、文化教育、传播娱乐、信息产业、智慧产业等。

当今时代，社会分工程度越来越高，已经不仅限于本国，而是扩展到世界范围内。例如，波音 747 喷气式客机的 450 万个零部件是由美国以及其他 6 个

国家的 100 个大型企业和 15 000 个小型企业协作生产出来的。

二、劳动力供给与劳动力需求：如何实现劳动力市场均衡？

劳动力供给指的是在既定的人口规模中人们所乐于提供的脑力、体力、精力或努力程度之和以及与此有关的行为或活动。它主要由四部分组成：一是劳动力参与率，二是工作时间的长短，三是有效劳动时间供给或称工作效率，四是工作技能的高低。

劳动力供给的影响因素包括人口规模和增长速度，以及人口的年龄构成。按年龄划分，人口总体是由儿童人口、劳动人口和老年人口组成。当儿童人口转化为劳动人口的数量超过劳动人口转化为老年人口的数量时，劳动人口比重就会上升，劳动力资源增加。

劳动力需求，是指企业在一定时期内，在某种工资率下愿意雇佣并能够支付其工资的劳动力数量。劳动力需求是企业雇用意愿和支付能力的统一。

劳动力市场在狭义上是指劳动力供求双方双向选择，交换劳动力的场所，同时又是运用市场机制调节劳动力供求关系的组织形式。

劳动力市场供求均衡，指的是劳动力供给的数量与劳动力需求的数量达到均衡状态，包括质量、职业类别、地区分布等在内的多方面的均衡，其标志为：第一，劳动力供给能够为社会全部吸收；第二，社会对劳动力的需求又能全部得到满足。

如何实现劳动力市场的均衡，需要清楚我国目前劳动力市场的基本情况。

（一）劳动力供给持续高位运行，就业总量一直很大

2017 年劳动人口超过 7.7 亿，而在 2018 年，劳动力供给仍然比较充足，新进入城镇就业的劳动力多达 1 500 万，高校毕业生达 820 万人，相对来说，劳动力总量持续高位运行。

（二）结构性矛盾依然存在

所谓结构性矛盾，简单来说就是劳动力供给和劳动力需求之间不平衡，表

现为一定程度上的招工难和就业难并存。从用人单位的角度来讲，技术技能型人才面临短缺状况；从劳动者的角度来看，有一部分专业的高校毕业生，还有一些大龄、低技能的劳动者找工作相对比较困难。

（三）就业质量需要进一步提高

随着社会经济的不断发展，人民的生活水平也在不断提高，人们对美好生活也有了更高的向往。在选择就业岗位时，劳动者都希望自己的工作条件优越，环境优雅，工资水平高，有很大的成长发展空间。然而，劳动者的这些就业需要受制于我国社会经济发展的不平衡，尚需要进一步加大力度提高就业质量，改善就业工作的水平。

就目前劳动力市场的情况来看，提高劳动者的就业质量可以从以下几个方面来做。

（1）国家需要完善相关的政策措施，在就业领域实行一系列改革措施，同时深化人力资源供给的改革。

（2）提高劳动力的整体素质，根据需求对部分劳动力进行专业的技术和技能的培训。

（3）转变就业观念，使劳动力的技术、知识、经验、种类、数量、观念等与市场需求紧密结合，改善劳动者依照具体所需对技能结构、行业选择、就业趋向滞后的现象，进一步提高劳动力市场信息的及时性、准确性、完整性，让劳动力市场供需信息保持高效畅通。

（4）加强人力资源市场建设和监管，进一步依法维护用人单位的权益和劳动者的权益。

2017年末，全国就业人员多达77 640万人，比上年末增加37万人；其中城镇就业人员42 462万人，比上年末增加1 034万人。全国就业人员中，第一产业就业人员占27.0%；第二产业就业人员占28.1%；第三产业就业人员占44.9%。

与2016年同期相比，劳动力需求量增加15.6万人，增长了3.9%；求职人数减少了17.3万人，下降了4.8%，劳动力市场需求上升，但劳动力供给下降。从行业需求看，与2016年同期相比，制造业、租赁和商务服务业、住宿和餐饮业、信息传输计算机服务和软件业、房地产业、农林牧渔业、教育等行业用人需求均保持较大幅度的增长。市场对具有技术等级和专业技术职称劳动者的用人需求均大于供给。

从产业上看，劳动力逐步由第一、二产业向第三产业转移，而且这种转移趋势逐渐增强；从行业上看，劳动力目前正向制造业、交通运输仓储和邮电通信业、批发零售贸易和餐饮业上转移。

解决劳动力市场结构性矛盾是一项复杂、艰巨的任务，也是一项长期的战略任务，具体要如何做呢？

（1）除了政府部门有针对性地采取相关措施以外，也要充分发挥市场这只“看不见的手”的能动作用，通过市场机制调节劳动力供求，引导劳动者自主择业。

（2）对劳动人口进行技能培训，提高其职业技能，为其提供就业服务，并更新服务理念，加强劳动力市场信息网络化建设，及时、便捷地向社会提供就业信息，从而改善就业环境，为解决劳动力市场供需矛盾提供有力的保证。

近年来，我国的经济总体上处于中高速增长状态，经济结构不断优化，经济发展的质量不断提升，仍处在改革的红利当中，经济发展对于就业的拉动作用不断增强。因此，我国应坚持就业优先战略，实施积极的就业政策，鼓励大众创业，万众创新，不断推进创新创业。

三、失业与经济增长：奥肯定律的变异与中国的经济发展

美国经济学家阿瑟·奥肯经过调查研究，发现了经济周期波动中经济增长率和失业率之间的关系：当实际 GDP 增长相对于潜在 GDP 增长下降 2%时，失业率上升大约 1%；当实际 GDP 增长相对于潜在 GDP 增长上升 2%时，失业率下降大约 1%。这条经验法则被称为奥肯定律。

潜在 GDP 指在保持价格相对稳定的情况下，一国经济所生产的最大产值。潜在 GDP 也称为充分就业 GDP。

奥肯定律在中国似乎出现了变异，按照中国的实际情况来看，经济增长幅度很大，但并未如人们所期望的那样，就业岗位大为增加。自 20 世纪 80 年代以来，中国的经济保持了较高速度的增长，年增长率均达 9.4%，但并没有带来就业人口的相应增长。1985~1990 年，全国 GDP 年平均增长率为 7.89%，同期就业人口平均增长率为 2.61%；1991~1995 年，全国 GDP 年平均增长率为 11.56%，同期就业人口年增长率为 1.23%；1996~1999 年，全国 GDP 年平均增长率为 8.30%，同期就业人

口年平均增长率为 0.96%。这些数据显示，1991 年以来，我国 GDP 增长对就业的拉动作用与前期相比有较大幅度的降低。

奥肯定律在中国出现变异的原因如下。

首先，中国国民生产总值中农业所占的比重还相当大；第三产业所占的比重与同阶段的发达国家相比偏低；另外，劳动力的教育和技能水平还跟不上形势的需要。

从政策上看，一些地方政府并没有把就业问题真正放到优先位置上。许多地方政府过于追求经济增长，重视发展经济总量，为此向那些能够迅速增加 GDP 额度的行业，例如高科技行业以及大企业提供金融、财政及政策方面的支持。

我国自 20 世纪 90 年代以来，经济每增长 1%创造出来的非农就业岗位仅为 80 年代的 1/3，形成了“高增长、高投资、低就业”的现象，这与奥肯定律所揭示的经济增长与就业增长正相关的原理不一致。

从制度上来看，现行的管理体制依然限制了就业问题的解决。目前，基层和西部地区迫切需要部分大学生担任公务员和教师，但如果大学生选择去这些地方工作，其户口和档案将会一同被派遣到工作地，再想流动就会碰到制度性障碍。在大中城市中，大学生创业的机会较多，成功的几率也较大，但如果没有户口就进行不了工商登记，也很难获得贷款的担保支持，这又限制了一些年轻人自主创业。

还有一些年轻人，特别是大学生就业难，在一定程度上是因为他们期望值过高，自身定位不准，理想与现实脱节。因此，转变就业观念非常重要。随着市场经济的不断发展，社会就业形势也在时刻发生着新的变化。竞争上岗、人才流动和再就业已成为普遍现象。科学技术日新月异，产业结构不断调整，知识不断更新，就业岗位不断变换，就业者不得不做出改变。

根据我国经济运行的特点，结合奥肯定律的理论基础，我国需要通过提高农业剩余劳动力转移速度来提高农民收入水平，从而缩小城乡差距，扩大内需，改善经济结构，促进经济良好增长。这在我国当前面临国际金融危机，出口大幅下滑，各社会群体尤其是农村外出务工人员和大学生就业形势不乐观的情形下，对经济增长路径的选择和就业政策的制定具有重要的实际应用价值和指导意义。

四、人口红利的减少与刘易斯拐点的到来

人口红利是指一个国家的劳动年龄人口占总人口的比重较大，抚养率比较低，为经济发展创造了有利的人口条件，国家经济呈高储蓄、高投资和高增长的局面。

中国改革开放 40 年以来，每年的经济增速都保持在 9.5%左右，到底是人口红利所带来的，还是后来者优势带来的，中国的经济学家观点不一。

有专家认为，中国实现经济的高速增长主要是由于人口的数量和构成。自 1980 年到 2010 年 30 年间，劳动年龄人口增长很快，非劳动年龄人口基本上没有增长，社会抚养比较低，剩余财富较多，居民储蓄量较高，而且投资行为也较多。如果劳动力供给能够一直保持高增长，投资的回报率就会持续高行，出现高投资拉动的高增长。而发达国家以及其他发展中国家，劳动力的增长和非劳动人口的增长几乎是同步的，能用于生产的劳动力相对就少得多。

因此，当中国的老龄化越来越严重时，人口出生率会不断降低，人口红利就会逐渐消失，经济的高增长将放缓，估计到 2050 年经济增速会跌到 3%。

事实上，与人口红利相对应的人口负债确实正在悄悄地加速增长，人口老龄化将会从以下三个方面削弱经济的竞争力，并进一步影响到经济可持续增长的活力。

（1）老龄化会不断提高社会抚养比，加大劳动力的负担和成本。

（2）老龄化会改变消费性人口与生产性人口的比例，消费性人口比例增加，生产性人口比例相对就会降低。

（3）老龄化会使劳动力的年龄结构出现老化，会严重影响劳动生产率。

对此，也有经济学家持有不同的观点，中国在这几十年间之所以发展很快，主要原因在于后发者优势，通过引进发达国家的机器和人才，直接将大量的先进技术纳入经济增长体系。自主创新需要耗时耗力，风险也较大，而且当时自身也不具备研发实力，直接引入技术和机器便能最大程度上规避这些风险，减少成本，从而以较低的成本获得较高的技术，再投入到生产中，以促进经济快速增长。

很多国家的经验表明，人口红利的减少确实会导致经济增长速度放缓，总体工资水平下降，甚至产生通货紧缩。在中国，劳动力增速放缓，年轻人口数量减少是不争的事实，但是这些变化是非常缓慢的，而且还有多种因素可以在一定程度上减轻人口数量变化所带来的影响。例如，机器代替人力可以提高劳动生产率，降低劳动成本；教育程度的提高也可以提高劳动生产率；产业链内移可以减少运营成本。这些都会减缓人口结构变化对经济发展的影响。

为了应对人口红利的减少，经济发展模式应该逐步由劳动力密集型转型为技术密集型和知识密集型，发展高端制造业。

当然，虽然传统意义上的人口红利不断减少，但新的人口红利也在逐步形成。中国不仅将会有新的人口红利，而且中国的人口多，新人口红利的数量也是惊人的。那么，新的人口红利主要表现在哪些方面呢？

（1）大量的创业创新者，将来会成为中国的新人口红利。

（2）技术型人才。大量职业技术学校毕业的学生可以找到能发挥专长的工作，将来有可能进一步提升为熟练技工。

（3）农民。现在很多农民开始学习现代化家庭农场的建设，农民开始学技术，懂管理，逐步实现家庭农场规模化经营。

“刘易斯拐点”是关于城乡二元结构和农村劳动力向城市转移的概念，并不涉及社会总人口和劳动力总量的变化。具体来讲，按照经济学家刘易斯提出的“二元经济”发展模式，传统农业部门中的剩余劳动力被现代工业部门吸收的过程存在两个阶段。

一是劳动力无限供给阶段，由于现代工业部门和传统农业部门之间的劳动率和工资差异较大，农村的剩余劳动力为了提高收入，纷纷涌入现代工业部门。

二是劳动力短缺阶段。随着农村的劳动生产率进一步提高，提高了传统农业部门的工资水平，最终传统农业部门的劳动生产率接近或等同于现代工业部门，现代工业部门不能再以较低的价格吸收农村的剩余劳动力，劳动力市场的工资弹性变大。

“刘易斯拐点”发生在农业部门劳动生产率与工业部门劳动生产率非常接近时，而目前我国农业部门的劳动生产率还远达不到工业部门的水平。我国的城乡收入差距仍然比较大，城市化进程任重道远，农业人口向工业和服务业的转移还将持续一段时间。因此，我国的“刘易斯拐点”更多地表现为一个转折、渐进的过程，与此同时劳动生产率将逐步提高。

五、合理看待收入差距，到底多大差距算合理？

收入差距是指劳动者所获得的劳动报酬会因质量、行业、分工等不同而产生差异。不同行业间、企业内部普遍存在着收入差距，那么多大的差距才是合理的？判断收入差距合理性的依据又是什么？

收入差距合理与否，首先要从“应得”角度理解。“应得”并非简单计算得来，而是市场、企业、劳动者等主体经过多次博弈所产生的结果，随着市场交换的增加而逐步形成。另外，健全的市场机制要能够切实保障劳动者的应得收入。

还有人说，贡献大就该得高工资。当然，收入分配的确要充分考虑各生产要素对生产的贡献，但这种收入分配方式需要一个前提，即市场存在充分竞争，且规范、有序。

收入分配是否合理其实有很大的主观性。有人认为合理体现在最大限度地实现社会平等；也有人认为，“胜者为王”才是最合理的。

工资收入主要是由劳动力市场供求、人力资本投入、用人单位效益、劳动数量和质量等因素决定，这些因素相对来说比较稳定，因此收入分配的合理性就具有客观基础。但随着社会经济的发展，尤其是在经济转型时期，分配关系变动很大，我们也要充分重视劳动者的主观感受，只有这样才能真正确定收入差距的合理区间。

据统计，1978 年人均工资最高的行业为电力煤气业，平均工资水平为 850 元，平均工资水平最低的行业为社会服务业，为 392 元，工资差距仅为 458 元。不过，随着经济的发展，行业之间人均工资水平最高与最低的差距越来越大。到了 2017 年，人均工资水平最高的行业为信息传输、计算机服务业和软件业，平均工资水平为 133 150 元，而人均工资水平最低的农林牧渔业只有 36 504 元，相差 96 646 元。

也就是说，软件行业从业者的平均年薪比一个农民多近 10 万元，而这种差距在未来会越来越大。

客观地讲，存在一定程度的行业收入差距是经济与社会发展的必然结果，这是不可避免的。不过，由于垄断等因素而导致的行业收入差距增大对国民经济的健康、可持续发展十分不利。因此，我们还需要在这一方面做出努力，比如不断完善税收调节机制，对行政垄断行业的收入分配进行长期有效的监管。

另一方面还要重视人力资本因素，尽量缩小不同行业之间的人力资本差距。在具体实施时，可以加大教育投资的力度，增加人们的受教育机会，保证劳动力市场充分竞争，并对其进行不断的完善，减少不同行业之间劳动力流动的障碍。

当然，对于就业者来说，最应该做的便是正视行业收入差距，以平常心看待这种现象，对自身资产进行合理的配置，与此同时，不断增加自身的知识储备，提升业务水平与其他各方面的能力，以此来实现财富增值，并确保在将来可以稳定地获得不错的收入，以便从容地应对生活工作中的各种挑战。

六、怎么理解初次分配和再分配?

初次分配，是指在创造国民收入的物质生产领域内进行的分配，通过初次分配获得的收入被称为原始收入。初次分配一般通过市场环境自发完成，政府只是在适当的时候运用税收杠杆和法律法规进行一定程度上的调节，一般不干预初次分配。

初次分配一般按照以下三个方面来进行。

（1）通过缴税形成国家的收入。

（2）通过发放工资和薪酬分配给劳动者。

（3）企业或组织在生产过程中产生的自留利润。

再分配，是国民收入在物质生产领域进行分配后，在全社会范围内进行再次分配，以满足非物质生产部门的需要，保证非物质生产部门、重点建设项目资金、集体福利事业、各地区经济平衡发展、社会后备基金的需要等。非物质生产部门包括：服务行业、城市公用事业、金融保险事业、科研、文化、教育、卫生、广播、体育、国家政府机关、军队、宗教团体等。

再分配也称为社会转移分配，是指在初次分配结果的基础上各收入主体之间通过各种渠道实现现金或实物转移的一种收入再次分配过程，也是政府对要素收入进行再次调节的过程。

再分配的方式主要包括以下几种。

（一）收入税

居民和企业等各收入主体当期得到的初次分配收入依法应支付所得税、利润税、资本收益税和定期支付的其他经常收入税。政府以此对企业和个人的初次分配收入进行调节。

（二）财产税

居民或企业根据现有财产状况，依法缴纳动产税和不动产税，如房产税、遗产税等，政府以此对居民收入进行的调节属于存量调节。

（三）社会缴款

居民为保证将来能够获得社会福利金，对政府组织的社会保险计划会积极缴纳款项，如失业保险、退休保险、医疗保险等。

（四）社会福利

居民从政府获取维持最基本生活的收入，主要包括社会保险福利金和社会救济金。

（五）其他转移收支

其他转移收支包括政府内部转移收支；本国政府与外国政府、国际组织之间的援助、捐赠、会费缴纳等，对私人非营利性机构的捐赠、赞助等转移收支；居民之间的内部转移收支，如城镇居民对农村居民的转移收支。

再分配主要通过政府的宏观管理和收入调节来完成，这样可以保持社会稳定，维护社会公正。

在市场经济环境下，收入分配的规则与计划经济时代相比差别很大。在计划经济时期，所有企业要上缴利润，再由国家统一分配；个人的工资级别得到统一调整，重要消费品的分配要用到票证，在这种制度下大体实现了均等的收入分配。但这种分配模式造成了一个不良后果，因为“干多干少一个样，干好干坏一个样”，人们的生产积极性很差，整个社会效益无法得到有效提高，经济滑坡严重。在市场经济环境下，由于竞争是常态，所有市场主体都必须遵循“优胜劣汰”的规则，所以市场自发形成的初次分配结果往往非常残酷，优胜者与失败者之间几乎有天壤之别。成功的企业或集团可以资产上亿，而失败的企业往往只能宣布破产。

因此，为了维护社会稳定，调节收入差距，多环节的再分配是很有必要的。在再分配的多个环节中，比较多的是体现出分配结果上的公平。

初次分配是指按照一定的原则，通过一定机制把国民收入分解成不同经济主体的收入的过程。再分配是国民收入继初次分配之后在整个社会范围内进行的分配，是指国家的各级政府以社会管理者的身份通过税收和财政支出等形式参与国民收入分配的过程。

初次分配和再分配的区别主要表现在以下方面。

（一）初次分配和再分配的主体不同

初次分配的主体是各种市场主体，包括国有经济、集体经济及非公有制经济下的各企业。

再分配的主体是国家的各级政府部门，它们充当的是社会管理者的角色，而不是市场主体的角色。

（二）初次分配和再分配的范围不同

初次分配是在创造国民收入的物质生产领域进行的分配，国民收入再分配是国民收入继初次分配之后在整个社会范围内进行的分配。

（三）初次分配和再分配注重公平的具体措施不同

初次分配注重公平的具体措施包括：最大程度提高低收入者的收入水平，逐步提高最低工资标准，建立企业职工工资正常增长机制和支付保障机制。

再分配注重公平的具体措施包括：加强政府对收入分配的调节，保护合法收入，调节过高收入，取缔非法收入。通过强化税收调节，整顿分配秩序，把收入差距控制在一定范围之内，防止出现严重的两极分化，以实现公平分配。

再分配是贫富差距的调节器。调整国民收入分配政策时要注意，政策必须要透明且执行有力，要在全社会中形成公平、合理致富的观念。

第六章

无法阻止的全球经济一体化
——世界经济的紧密联系

全球经济一体化是不可逆转的时代潮流，它使世界各国的经济彼此开放，相互联系，相互依赖。同时，它也是一把“双刃剑”，既是机遇，也是挑战。随着全球经济一体化的深入发展，我们该如何做才能在这一浪潮中抓住机遇，获得发展呢？

一、经济全球化与区域一体化：时代潮流不可逆转

随着生产力的不断发展，科技进步越来越快，社会分工和国际分工越来越细化，生产社会化和国际化程度不断提高，于是出现了经济全球化。所谓经济全球化，简单来说是世界经济日益紧密联系，成为一个共同体。世界经济活动超越国界范围，通过对外贸易、资本流动、技术转移、提供服务、相互依存、相互联系而形成了全球范围的有机经济整体。

经济全球化使商品和资本流动加快，科技和文明进步加速，各国人民交流更加频繁，改善了各国人民的生活，使民生福祉得到提高，推动人类社会更加繁荣，对世界经济发展贡献颇多，已经成为一股不可逆转的时代潮流。

与此同时，经济全球化的进程中也出现了新的挑战，全球治理机制需要进一步调整、完善和重塑。

近年来，部分发达国家逐渐减弱了推进经济全球化的意愿，出现了单边主义和贸易保护主义等多种“逆全球化”现象。很多国家在这些思想的影响下制定了安全审查和反垄断制度。这些国家以保护环境为由，通过环境规制权等法律和行政手段对其他国家的跨国企业进行变相规制；或者通过以国家安全审查和反垄断审查、诉讼的形式限制外资流入。

美国的外国投资委员会（CFIUS）在审查时更加复杂，对其他国家的企业赴美投资构成了严重阻碍。据联合国贸易和发展会议的《世界投资报告》显示，2017 年全球外国直接投资（FDI）下降 23 %，主要由超大型并购及企业重组减少而导致，其中美国 FDI 流入量大幅下降了 40%，降至 2 750 亿美元。

经济全球化在发展过程中并不是一帆风顺的，逆全球化也同时存在，并对经济全球化形成了严重阻碍，例如，美国就一直实行贸易保护主义，其逆全球化倾向十分明显。人们不禁担心，经济全球化现象难道会发生逆转吗？早已形成海洋的世界经济还会退回到一个个各自孤立的小湖泊、小河流吗？

当然不会。经济全球化使生产力不断发展，推动世界日益一体化，因此它

符合生产力发展的需求，符合各国利益，是大势所趋。

经济全球化同时也是一把“双刃剑”，虽然它促进了世界经济快速增长，推动了人类文明的巨大进步，但在发展过程中也出现了一些问题。比如，经济危机的全球化，追逐利润导致的环境污染，世界贫富差距日益扩大等现象。不过，经济全球化进程中存在的不足并不能使我们完全否决其进步性，而是促使我们注意到需要解决的问题，并采取合理的方法来促进经济全球化的健康发展。

发展失衡、治理困境、数字鸿沟、公平赤字等问题确实存在，但我们要正视并采取措施来解决这些问题，而不是彻底否定经济全球化。

除了经济全球化以外，区域经济一体化也是世界经济发展过程中的必然趋势。区域经济一体化，是指生产要素在超国界的一定区域内实现合理流动，各种资源在更大的空间和生产领域进行有效配置，实现优势互补，相互促进的过程，按照一体化程度的大小来排列，分别包括优惠贸易安排、自由贸易区、关税同盟、共同市场、经济联盟和完全的经济一体化。

区域经济一体化和经济全球化都可以实现生产要素跨国流动，解决资源跨国配置的问题，最后的方向都是实现世界经济一体化。

置身于经济全球化和区域经济一体化的世界潮流里，中国面临非常多的机遇与挑战，应在这一潮流中扬长避短，趋利避害。我们应当扎扎实实地发展本国经济，增强经济实力，为融于经济全球化和区域经济一体化建立坚实的物质基础；在享受到区域经济一体化带来的利益时，也要尽量减少其所带来的不利影响。

经济全球化与区域经济一体化呈现的是一种相互依存、相互影响的关系。伴随着国际经济的发展，两者之间会出现互补效应，克服两者之间存在的矛盾，共同为推动全球经济持续、稳定发展提供助力。

二、顺差 or 逆差？国际收支平衡才是稳定发展的基础

国际贸易是指世界各个国家或地区在商品和劳务等方面进行的交换活动。它是各国或地区在国际分工的基础上相互联系的主要形式，反映了世界各国或地区在经济上的相互依赖关系，是由各国对外贸易的总和构成的。

国际贸易由进口贸易和出口贸易两部分组成，所以也被称为进出口贸易。

进口贸易是指输入贸易，将外国的商品运到本国来销售。出口贸易指输出贸易，是把本国生产或加工的商品运送到外国市场进行销售。对于运出劳务或商品的国家或地区来说，就是出口贸易。

国际贸易是世界经济发展中不可缺少的部分。对于一个国家而言，国际贸易总会存在贸易顺差或者贸易逆差。贸易顺差又叫贸易出超，是指在特定年度内，一国出口额大于进口额。中国就是典型的贸易顺差国，在对外贸易中处于有利地位，贸易顺差为国家带来了大量外汇储备。

而贸易逆差则与之相反，是指在特定年度内，一国出口额小于进口额。美国就是典型的贸易逆差国。美国的资金每年都以惊人速度外流，进口贸易量也远远大于出口量。还有第三种情况，如果进口贸易总额与出口贸易总额相对平衡，则称之为贸易平衡。

2016 年，美国对华贸易逆差 3 470 亿美元，但服务贸易顺差 370 亿美元。中国和美国开展的贸易既存在商品贸易，也有服务贸易。根据中国商务部统计，2016 年中国游客在美国人均消费约 1.3 万美元，远远超过其他国家的游客在美国的消费。在教育方面，中国在美国的 30 万留学生于 2016 年为美国贡献约 159 亿美元的收入。

针对贸易平衡问题，中国在货物贸易上有顺差，而美国在服务贸易上有顺差，贸易竞争力从根本上说是产业的竞争力。

中国海关总署公布的相关数据则显示，2017 年中国对美贸易顺差为 1.87 万亿元人民币（约合 2 987 亿美元），中国自美国进口的增速要远远大于中国对美国出口的增速。

贸易差额是衡量一个国家对外贸易收支状况的一个重要标志。那么，贸易顺差和贸易逆差孰优孰劣？我们要对其理性分析。

贸易顺差的确有诸多好处，例如有利于增加外汇储备，提高对外融资和引进外资的能力，促进经济增长；有利于保持经济总量的平衡，使本国增强抵御经济全球化风险的能力，以保证国家经济安全；有利于稳定人民币汇率，同时有更良好的条件来实施较为宽松的宏观调控政策。

但是，贸易顺差并不是越大越好。贸易顺差过大也是非常危险的，因为这意味着本国经济更加依赖外部需求，一旦吸引外资或者对外投资不足，极易导致本国经济增速放缓。尽管贸易顺差带来的外汇增加是国家经济安全的保障，但是巨额的贸易顺差也会带来外汇储备的膨胀，给货币带来更大的升值压力。要想应对贸易顺差过大，一个比较有效的措施就是拉动国内消费。

贸易逆差则会减少外汇储备，降低商品的国际竞争力。贸易逆差过大会加剧国内资源向外部流动，导致外债增多，影响国民经济正常、有效地运行。因此，国家应该提供出口补贴，实行出口优惠政策，鼓励国内企业对外出口，与此同时加快国内经济发展，从根本上增强竞争优势，从而抵制国外的产品对国内市场的冲击。因此，在应对贸易逆差时，对抗进口是策略，加强自身是根本。

总之，无论是大规模顺差还是逆差，对一个国家经济的长期、健康、良性发展都不利。在对外贸易问题上，我们应当转变观念，确立以国际收支平衡为目标的政策，只有掌握贸易平衡，保持适度结余，才能更好地维系经济的稳定向好发展。

三、倾销与反倾销，不得不应对的挑战

中国如今已经成为世界加工厂，打着“中国制造”标签的产品遍布世界各地。但与此同时，国际社会不断出台对“中国制造”的反倾销、反补贴政策。欧美的各项政策给我国出口行业带来了重大冲击。一个个的贸易保护措施将我国的产品拒之门外。

倾销是指一个国家或地区的出口经营者以低于国内市场正常或平均价格，甚至低于成本价格向另一国市场销售其产品的行为。

在政府奖励出口的政策下，生产者为获得政府的出口补贴，往往以低廉价格销售产品，同时生产者将产品以倾销的价格在国外市场销售，从而获得在另一国市场的竞争优势，并进而挤出竞争对手，然后提高价格以获取垄断高额利润。

倾销的结果往往给进口方的经济或生产者的利益造成损害，特别是掠夺性倾销严重扰乱了进口方的市场经济秩序，给进口方的经济带来毁灭性的打击。

反倾销是指对外国商品在本国市场上的倾销所采取的抵制措施，对倾销的

外国商品除征收一般进口税外，再增收附加税，使其不能廉价出售，此种附加税称为“反倾销税”。

WTO《反倾销协议》中规定，对倾销产品征收反倾销税必须符合以下条件。

（1）确定存在倾销的事实。

（2）确定对国内产业造成了实质损害或实质损害的威胁，或对建立国内相关产业造成实质阻碍。

（3）确定倾销和损害之间存在因果关系。

值得一提的是，由于国际贸易的全球化，再加上中国经济在全球的地位日益提高，很多外国企业为了在中国占领市场，也出现了倾销行为，为此中国通过调查确证之后采取了反倾销措施，向其征收反倾销税。

2017 年 11 月 9 日，商务部发布第 74 号公告，根据《中华人民共和国反倾销条例》（以下简称《反倾销条例》）的规定，决定对韩国和日本的丁腈橡胶进行反倾销立案调查。

通过调查，调查机关在 2018 年 7 月 16 日发布初裁公告，初步认定韩国和日本的丁腈橡胶存在倾销，对中国的丁腈橡胶产业造成实质损害。

于是，商务部向国务院关税税则委员会提出征收反倾销税的建议并获得同意，自 2018 年 11 月 9 日起，韩国和日本的丁腈橡胶被征收反倾销税。

正常的国际贸易秩序需要世界各国共同来维护。对于我国遭遇的反倾销调查，要想保护本国企业良性发展，帮助其应对国际贸易纠纷和摩擦，就要充分发挥政府以及相关部门的职能，激发出口企业的主观能动性，让本国企业与外国企业加强合作。如果遭遇了不正当的反倾销调查，中国企业应该积极应诉，合理运用 WTO 规则为自己谋取利益，提高反申诉能力。

如果我们遇到其他国家的倾销行为，对我国的市场造成了伤害，就应该在市级调查取证的基础上，对其采取制裁措施，以保护本国市场。

四、贸易保护主义：用贸易壁垒砌起经济的围墙

贸易保护主义是指在对外贸易中实行限制进口以保护本国商品在国内市场免受外国商品竞争，并向本国商品提供各种优惠，以增强其国际竞争力的主张

和政策。贸易保护主义限制进口的措施主要有关税壁垒和非关税壁垒。

关税壁垒是指通过征收高额进口关税来阻止外国商品的大量进口；非关税壁垒是指采取进口许可证制、进口配额制等一系列非关税措施来限制外国商品的大量进口。

在关税壁垒中，按照征收关税的目的来划分，关税分为财政关税和保护关税。征收财政关税是为了增加国家的财政收入，而征收保护关税的主要目的是限制外国商品的进口，保护本国市场的有序运行，对外国商品征收的保护关税愈高，外国商品的售价就越高，就越难以影响到本国商品的销售，对本国市场的保护作用也就越大。

贸易保护主义在限制外国商品进口的同时，也向本国企业提供各种优惠政策，以增强其国际竞争力。经济不发达国家与发达国家在实行贸易保护主义时，其背后的目的是不同的。经济不发达国家主要是为了保护本国的民族工业，发展国民经济，而发达国家主要是用来调整国际收支，改善贸易逆差。

自由贸易模式与贸易保护主义绝然不同，自由贸易模式可免除进口产品的关税，使外国产品轻松与本国市场接轨，使其不用负担国内制造厂商背负的重税。

在当今世界经济日趋一体化的背景下，贸易壁垒日益成为自由贸易的一大阻碍因素。由于激烈的国际竞争，发达国家和发展中国家纷纷采取了各种贸易壁垒。但发达国家拥有更先进的技术，更容易突破发展中国家设立的贸易壁垒，冲入发展中国家的市场发展壮大，而发展中国家的产品大多技术含量低，往往被发达国家的严格限制挡在门外。

虽然设立贸易壁垒能够保护国内的产业，增加政府的财政收入，稳定国内短期的就业形势，但从长远来看，贸易壁垒会阻碍国家经济发展，影响国际进出口贸易，容易使国际贸易形成恶性循环，以至于到最后各国都会受到不良影响。

正是因为实行专业化分工，现代企业早已走向全球化分工，促使全球贸易频繁往来。如果我们为了躲避国际竞争的压力而设置贸易壁垒，会在一定程度上阻碍本国与其他国家的贸易往来，这就相当于减少了参与国际分工的机会，肯定会导致整体生产力下降，不利于经济的长期发展。

因此，我们必须从国家层面、地方政府以及出口企业层面上采取有效的应对措施。国家应该从国际合作层面，在 WTO 等多边组织框架下，大力呼吁世界各国反对贸易保护主义，号召各个国家用实际行动来抵制和减少贸易保护主义；同时积极推动世界贸易组织的新一轮谈判，与有关国家加强双边谈判，争取使更多国家承认我国的市场经济地位。

从企业层面来看，要想有效应对贸易保护主义，就要坚持技术创新，尽快提高培育自主品牌的能力，将价格优势转化为质量优势，同时通过对外直接投资、兼并、收购当地企业等方式，延长资源配置的路径，将出口贸易转化为企业内部贸易，从而有效地避免国际贸易摩擦。

不管怎么说，贸易保护主义盛行，对任何国家都不是好事，而应该打破贸易保护的种种壁垒，开创自由贸易的新时代。

五、浮动汇率制，金融自由化乃国际趋势

汇率制度又称汇率安排，指各国或国际社会对于确定、维持、调整与管理汇率的原则、方法、方式和机构等所做出的系统规定。

在国际社会上存在多种汇率制度，一国选择哪一种汇率制度，取决于该国的国情以及这种汇率制度是否有利于该国经济发展。

根据汇率变动幅度的大小，汇率制度分为两类：固定汇率制和浮动汇率制。对汇率制度进行分类是研究汇率制度的优劣性，进而选择合适的汇率制度的基础。

固定汇率制是指以本位货币本身或法定含金量为确定汇率的基准，汇率比较稳定的一种汇率制度。在不同的货币制度下，固定汇率制度也是不同的。固定汇率制度分为以下两类。

（一）金本位制度

这是一种以黄金为中心的国际货币体系。该体系的汇率制度保证本国货币与外国货币或一篮子货币保持固定比价，属于钉住型的汇率制度。

金本位制度的特点有以下三点。

（1）各国金铸币的含金量之比，即铸币平价是决定两国汇率的物质基础。

（2）由于受到黄金输送点的制约，汇率在外汇供求关系的变化下围绕铸币平价的上下各6‰左右波动，相对稳定。

（3）汇率自发形成，并非依赖人为措施来维持，国际间没有统一的安排和规定，没有专门制订和管理汇率的机构。

（二）布雷顿体系

布雷顿森林体系是指第二次世界大战后以美元为中心的国际货币体系。

布雷顿森林体系是以外汇自由化、资本自由化和贸易自由化为主要内容的多边经济制度，它的建立是以符合美国利益为原则的，在建立之初认为其有利于实现美国经济霸权。

在布雷顿森林体系下，汇率制度实行双挂钩，即美元和黄金直接挂钩，各国货币与美元直接挂钩。这种汇率制度的波幅很小，而且可以适当调整，因此也称为可调整的钉住汇率制度。

不过，在这种汇率制度下，汇率变动弹性很小，无法有效地调节国际收支，当汇率发生变化时，无法及时通过调整汇率来平衡国际收支，于是黄金储备大量外流，美元危机频发，后来，美元丧失维持黄金官价的能力，美国政府只好宣布放弃布雷顿森林体系，实行浮动汇率制。

浮动汇率制是指一国不规定本币与外币的黄金平价和汇率上下波动的界限，货币当局也不再承担维持汇率波动界限的义务，汇率随外汇市场供求关系变化而自由上下浮动的一种汇率制度。

浮动汇率制有多种形式，包括自由浮动、管理浮动、钉住浮动、单一浮动、联合浮动等。由于在浮动汇率制下汇率的变化受到市场的供求状况的影响很大，所以浮动汇率比固定汇率的波动要频繁得多，而且波幅较大。

一国国际收支状况会使其外汇供求发生变化，这是影响汇率变化的主要因素。当国际收支顺差时，流入的外汇增加，导致外国货币的价格下跌，因而汇率下浮；当国际收支逆差时，外汇流出增加，本国对外汇的需求增加，外国货币的价格就会出现上涨，因而汇率上浮。汇率上下波动是存在于外汇市场的普遍现象，汇率的波动反映的就是货币的价值变化。

当然，在浮动汇率制下，汇率并非纯粹的自由浮动，政府也要在必要时进行合理的干预。在现行的国际货币制度下，大部分国家实行有管理的浮动汇率制度，浮动汇率制度受到宏观调控管理。货币当局会根据外汇市场形成的价格公布汇率，只要其浮动幅度不超过规定即可允许其上下浮动，而一旦汇率浮动超出规定的范围，货币当局就会及时采取措施进行调节，以便维持汇率的合理和相对稳定。

与固定汇率制相比，浮动汇率制是一种进步。在全球经济一体化进程中，美元在国际金融的统治局面被打破，全球的金融格局正在向多极化方向发展，国际货币体系将向各国汇率自由浮动、国际储备多元化、金融自由化与国际化的趋势发展。

六、为什么要推动人民币国际化?

随着经济全球化的发展，世界各国之间的经济交流越来越密切，中国改革开放，坦诚地与世界各国开展经济贸易活动，随着中国经济的高速增长，越来越多的海外企业愿意在跨境业务中使用人民币来采购中国商品，因为这样能避免买家承担二次换汇所造成的汇兑损失。

改革开放40年来，中国经济发展取得了举世瞩目的成就，人民币也走出国门，并于2016年正式加入SDR货币篮子。

作为篮子货币，我们也是有责任的。

（1）由于篮子货币要在全世界的范围内普遍使用，所以人民币需要得到推广，推进其在全世界范围内广泛应用。

（2）篮子货币可以自由使用，因此对人民币的可兑换提出了严峻的考验。

（3）篮子货币要有与其他篮子货币分散化的效应，不仅要保持国际支付能力，还要保证自身具备相对稳定的购买力。

人民币受国际市场的重视程度越来越高，这是一个不争的事实，足以说明世界对中国经济持续向好发展信心十足。正是因为中国经济的高质量发展，人民币国际化才有了不竭的动力。虽然外部环境总是在变化，但中国经济由高速增长阶段转向高质量发展阶段的趋势不变。中国经济的稳健增长，是人民币国际化最重要的基础和支柱，也是推动人民币国际化的根本动力。

从宏观方面来看，人民币国际化是顶层设计到具体实践的有序推进；从微观方面来看，人民币国际化是银行、企业等市场主体自下而上的联合推动。由于企业在参与市场竞争时对人民币结算有着很大的需求，因此跨境人民币业务得以发展，之前不被各国企业所采用的人民币结算方式终于被争相使用，这是市场主导、顺势而为的成果。

人民币国际化是符合经济发展规律的。中国经济从快速增长发展到稳健增长，到目前为止，经济体量仅次于美国，因此人民币受到关注是很自然的事情。即便我们不主动推动人民币国际化，其他经济体也会主动要求人民币实现国际化。

目前，已经有 60 多个国家或地区将人民币作为储备货币。人民币正在加速国际化进程，而与此同时，美元却在逐渐失去货币储备地位。2018 年以来，各国为了规避美元带来的风险，正在加速抛售手中持有的美债，美元贬值的压力继续增大。

七、外汇储备究竟是谁的钱?

很多人认为，我国的外汇储备是国内众多企业和个人用商品、能源、资源及隐性的环境代价换来的，是老百姓的“血汗钱”。2011 年，外管局曾对这种说法进行澄清，表示藏汇于民的障碍不在于政策，而在于与外汇储备有关的各主体的持汇意愿。因为企业和个人普遍愿意结汇，而不愿意持有和保留外汇。

那么，外汇储备究竟是谁的钱？在回答这个问题之前，我们先来看看外汇储备是如何形成的。

中国的企业和个人出口商品或劳务，获得外汇后，并非将外汇无条件地上交给央行，而是卖给央行以获得等值人民币。这种交易符合市场秩序和规律，基于等价和自愿的原则，企业和个人在将外汇兑换成人民币时已经获得经济利益。

国家的外汇储备主要由两部分组成，分别为外部投资和进出口结余。外国企业来我国投资，无法直接使用本国货币，只能使用人民币，因此外国企业要先在央行将本国货币兑换成等额人民币，才能从事投资活动。央行接收的这一部分外汇就转化为外汇储备。但是，外国企业在完成投资活动后，随时都有可能离开，他们还会到央行那里把人民币兑换成外汇并取走，因此我国对这部分外汇只享有保管权，并没有拥有权。

在贸易活动中，如果我国每年都存在贸易顺差，那么每年就都会有外汇流入，慢慢地就会积累成庞大的外汇储备金。这一部分资金其实是属于企业的，由于外汇存入银行不会产生利息，而存入人民币有利息，而且外汇在国内不能直接交易，所以企业都会到央行那里将外汇兑换成人民币。

于是，央行就成了一个外汇蓄水池，企业只要有用到外汇的地方，就可以到央行那里拿人民币兑换；企业通过贸易获得的外汇也可以拿到央行那里兑换成人民币。可以说，央行成为人民币与外币的协调器。因此，从这种意义上说，外汇储备是央行的钱，代表着国民财富，可以使用，但不能无偿使用。

外汇储备体现了一个国家的国际清偿力，拥有充足的外汇储备，可以更好地平衡国际收支，稳定汇率。

外汇储备都有哪些具体形式呢？外汇储备包括政府在国外的短期存款或其他可以在国外兑现的支付手段，如外国有价证券，外国银行的支票、期票、外币汇票等。外汇储备存在的意义在于清偿国际收支逆差，干预外汇市场，维持本国货币汇率稳定。

2018 年 12 月，中国央行公布了最新的外汇储备情况。央行数据显示，截至 2018 年 11 月末，我国外汇储备规模为 30 617 亿美元，相比 10 月份环比增加 86 亿美元。

我国的外汇储备自 2006 起一直处于世界第一的位置，充足的外汇储备为我国平衡国际收支、稳定本币汇率提供了非常大的帮助。到目前为止，我国外汇储备的最高点在 2014 年 6 月份，高达 3.993 万亿美元，接近 4 万亿美元。

2018 年以来，随着美元加息，人民币一直在相对贬值。为稳定汇率，防止人民币贬值的态势出现失控，央行需动用外汇储备进行干预。值得庆幸的是，人民币汇率终于不再继续贬值，美元的攻击力度也在减弱。截至 2018 年 11 月末，外汇储备环比增加 86 亿美元，出现了止跌反弹局面。

很多人认为，外汇储备越多，就表明国家经济越繁荣。其实，外汇储备量并不一定能真切反映国家经济是否良性发展。前央行行长周小川曾在清华大学金融高端讲坛上坦言，外汇储备过多，远远高于我国需要的合理水平，外汇积累过多，导致市场流动性过快，无疑增加了央行对冲工作的压力。

那么，如何才能有效管理外汇储备呢？各国政府管理和经营外汇储备，一般都遵循安全性、流动性和盈利性三个原则。

安全性、流动性和盈利性三者不可能做到完全兼顾。一般来说，风险和收益是成正比的，收益高，风险必然会大，盈利大的资产安全性不会太高，而资产若安全性较高，流动性较强，其盈利大概也比较低。

因此，各国在经营外汇储备时一般各有侧重。经济发达、比较富裕的国家更重视流动性，这样可以随时干预外汇市场或用于对外支付；经济不太发达、资源比较贫乏的国家多看重盈利性，重视价值增值和财富积累。

一般来说，应尽最大可能、在最大程度上兼顾这三项原则，采用投资组合策略，实行对外汇储备的多元化经营，从而降低风险，实现增值。

第七章

“看不见的手”——解读市场的自发调节机制

经济学是一门研究如何通过资源配置和合理分工创造财富的学科。市场机制这只“看不见的手”就是一种十分有效的资源配置工具。本章教你如何在市场经济中趋利避害，只有了解了这只“看不见的手”的特性，才能在经济活动中变得更加游刃有余。

一、自由市场经济：资源生产与流动的活性剂

“自由市场经济”其实就是市场经济，它是社会化的商品经济，市场在资源配置中起基础性作用。在完善的市场经济条件下，商品生产者和经营者根据价格、供求、竞争等市场信息和自身的生产经营条件，自主决定扩大或减少某种商品的生产和需求。市场就像一只“看不见的手”，自发地调节着资源分配。

市场经济主要解决“生产什么”“如何生产”“为谁生产”三大基本问题。

（一）生产什么

消费者差不多每天都在做购买决策——货币正是他们手中的选票，获得更多投票的物品和劳务就能够得到生产，投票少的则会逐渐被淘汰。消费者所投入的货币决定了哪些行业能继续存在，这些货币最终进入企业，成为工资、租金和红利。

企业在决定产品生产的种类和数量时消费者的作用是至关重要的。市场通过消费者的货币支付行为记录下了消费者的需求，市场上没有满足消费者需求的产品，注定不会存在太久。

（二）如何生产

生产者之间往往竞争激烈，这就迫使他们采用效率最高的生产技术，以便使成本降到最低点，以最小的成本生产出最优质的产品。

（三）为谁生产

生产要素市场上的供给和需求决定了为谁生产。一般而言，任何产品都是根据消费者的支付能力和意愿来分配的。

例如，一艘小型游艇的价格为 2 万美元，能够并且愿意支付这个价格的消费者将“乘风破浪，扬帆远行”，而那些不愿意或者没有支付能力的人就只能坐在码头上观望。

市场通过价格调节来协调各经济主体的决策，使消费者的消费数量与卖家

的供给数量之间保持平衡。在市场经济中，市场价格机制决定了“生产什么”“如何生产”和“为谁生产”等资源配置问题。在市场供求均衡的情况下，均衡价格产生，社会资源能够更有效地进行配置。此时，生产者利润最大化的产品产量组合正好和消费者效用最大化的产品消费量组合相一致。

市场经济有很多优点。首先，市场调节就是通过价值规律进行自发的调节，企业可以根据商品价格分析供求情况来调节生产；其次，市场存在价格机制和利润机制，在资源配置和经济结构调整中能够进行自我调节；另外，市场中的竞争机制可以促使企业革新技术，提升生产效率，调整产品结构；最后，市场机制不仅能够灵活地配置资源，还实现了优胜劣汰，促使企业在竞争中不断向前发展。

但是，市场经济过度自由也会导致市场秩序紊乱，某些企业可能会形成联盟，利用垄断或散布谣言的手段来控制物价，破坏正常的市场秩序。这时就需要政府出面，维护市场经济秩序的正常运行。政府不去干涉自由，而是帮助维持自由，在此基础上，市场的自我调节机制才能更完美地发挥自己的作用。

总之，自由市场经济的核心精神是“自由、民主、诚信”。市场经济代表的是现代文明的开端，但是世界上又没有绝对的“自由”，当发生市场失灵甚至经济危机的时候，还是需要政府这只“看得见的手”来帮助。

二、利润最大化，是提高竞争优势的最终目标

所有企业都有一个鲜明的目标就是“利润最大化”，它已经成为企业高呼的口号和行动的指南。

道家创始人老子曾言：“将欲取之，必先予之。”企业要想获得利润，就必须投入生产要素。企业在生产要素方面的支出就是所谓的成本，即生产费用。

一个从事生产或销售的厂商，如果其获得的总收益大于总成本，就能从中获得利润。企业是以营利为目的的一种组织形式，因此利润是企业生产和销售的原动力。一家企业只有经营良好，才能获取利润，要想达到利润最大化，就必须对投入要素进行最优组合，以最大化地降低成本。

企业提升利润的方法主要有两种：第一是降本，第二是增效。降本就是要

做到成本最小化；增效就是要做到销售最大化。

（一）降低成本

企业在降低成本时通常采用的方法有：裁员，降低工资，尽最大程度减少销售费用与行政费用，运用新技术来降低制造成本，降低采购成本等。

绿源集团董事长简化了生产车间的工作程序，他提出以下简化方案：把材料放在触手可及的地方，减少工人来回走路的时间；改良包装环节，节省包装材料；科学堆放物料，节省工人挑选时间。他提出的这些简化方案都在一定程度上降低了企业的生产成本。

2008年，经过五百多次试验，红蜻蜓集团率先在国内皮鞋制造企业应用环保水性胶制鞋，替代了有毒的传统胶水，于是5 000多名员工在生产作业时不用再戴口罩，之前使用的高耗电排风扇也“失业”了。通过采用新技术，红蜻蜓集团每年在原料成本和电费两项就降低了250万元的成本。

（二）销售最大化

“问渠那得清如许，为有源头活水来。”这句诗形象地反映了利润和销售的关系。利润的水渠要想一直存在，它的源头就是销售。没有销售，就没有交易，也就无法获得利润。在成本不变的情况下，多一分销售，利润就相应地增加一分。

扩大销售有三种方法，一是派销售人员地推，占领空白市场，增加客户量，二是让现在的代理商增加同一品种的销售；三是开发新的产品，占领货架。

目前，增加利润还有一种高效的方法，即优势谈判。在谈判时，价格通常是一个绕不开的谈判项目。谈判高手能够以独特的谈判技巧为自己所代表的企业赢得更多利益。不论是采购或是销售，优势谈判都可以带来利润，而且直接成本往往非常少。

总之，随着市场竞争的日益激烈，降低生产成本、扩大产品销售、提升谈判优势等策略都能让企业获得足够的竞争优势，以谋求企业利润的最大化。

三、边际效应：边际成本、边际收益、边际产量

一个人中午肚子饿了，去肯德基吃汉堡，吃第一个的时候觉得汉堡太好吃了，

于是又买了一个。吃第二个的时候，觉得没第一个好吃，但还凑合，于是就又买了一个。吃完第三个，感觉自己已经饱了。这时碰巧来了位朋友，硬是请他又吃了一个汉堡，这是第四个汉堡，吃这个汉堡的时候他就觉得有些腻了，如果再让他吃一个，他可能就无法下咽，甚至以后看到汉堡就会恶心。

等到吃饱以后，从头再看，每个汉堡带给你的满意度是依次递减的，刚开始觉得好吃，到最后就会觉得想吐。这种现象就是边际效益递减规律的体现。

边际效应，是指其他投入固定不变时，连续地增加某一种投入，所新增的产出或收益反而会逐渐减少。也就是说，当增加的投入超过某一界限之后，新增的每一个单位投入换来的产出量会下降。

边际成本是指每一单位新增生产或者购买的产品所带来的总成本的增量。根据边际效应递减规律，边际成本在生产规模扩大以后，也会随着产量的增加而递减。如果只生产一辆汽车，其成本是巨大的，而在生产第 101 辆同类型的汽车时，成本就降低了很多，生产第 1 万辆同类型的汽车时，其成本就更低了。

边际产量指企业每增加一单位投入（劳动、资本等）所带来的产量的增值。

边际收益是每多卖出一单位产品所增加的收入。利润的产生条件为边际收益大于边际成本，而利润最大化的必要条件则是边际收益等于边际成本，此时边际利润为零，因为增加一单位的生产之后，不会再增加利润，利润达到峰值。

一家企业生产某产品的边际收益为 8 元，而边际成本为 6 元，每一单位产品净赚 2 元，这时企业一定会增加生产。因为企业预期利润还可以扩大，于是通过增加生产扩大总收益。

反之，如果生产该产品的边际收益为 8 元，边际成本为 10 元，每一单位产品赔 2 元，这时企业一定会减少生产，因为生产得越多，赔得就越多。

当边际收益与边际成本相等时，比如都为 9 元，企业既不会增加产量，也不会减少产量，因为此时企业再增加生产，每一单位产品的收益和成本是相同的，增大生产毫无用处，此时企业就实现了利润最大化。

在经济决策当中，真正具有经济学思维的人会注意边际收益和边际成本，根据边际产量做出最佳决策。

四、规模经济与规模不经济：为什么公司不是越大越好?

规模经济是指通过扩大生产规模而引起经济效益增加的现象，主要是由于产量增加，平均成本不断降低。

19 世纪末，英国著名经济学家马歇尔说道：随着众多企业开始广泛应用高效大型机器设备，企业的生产规模必然会不断扩大，这一现象将有利于促进企业使用更先进的技术，实行更精细化的分工、协作和专业化生产；也有利于企业实现产品零部件的标准化和通用化，生产经营的联合化和多样化，从而充分发挥大量销售、采购和对产品的综合利用等各种积极因素，产生规模效应，这就是所谓的“规模经济”。

不过，生产规模并非越大越好，因为规模经济追求的是可以获取最佳经济效益的生产规模，一旦生产规模过大，企业的边际效益就会下降，直至跌为零，甚至变为负值，产生规模不经济。

规模不经济分为内在不经济与外在不经济两类。

内在不经济

内在不经济是指企业扩大生产规模时，由于企业自身因素的变化而导致的长期平均成本上升。内在不经济的主要原因是由于企业扩大生产规模导致管理效率降低。内在不经济使长期平均成本曲线从其最低点逐渐上升。

外在不经济

外在不经济是指企业的长期平均成本随着行业规模的扩大而上升的现象，它根源于行业扩张引起的企业外界环境的恶化，如要素价格的上升、销售市场行情的下跌等。外在不经济使长期平均成本曲线向上垂直移动，表示在每一单位产量水平上，现在花费的长期平均成本都比过去增加了。

一个公司为什么不是越大越好？企业的生产规模可以在短时间内得到提升，但企业管理做出有针对性的变动需要时间。企业生产规模的扩大，其组织规模也就随之扩大，企业员工增加，管理层次也就必然增加，此时如果企业的管理方式、管理水平没有跟上，仍然使用过去的经验和方法，企业管理的效率就会下降，增加管理成本，致使企业管理的总成本增加，就会产生规模不经济。

在企业发展初期，格兰仕一直坚持专业化生产微波炉，到20世纪末，其已经成为世界微波炉的最大生产商。但格兰仕生产微波炉的极限是1 200万台，按照当时的生产速度，两年之后微波炉的产量就会出现饱和。

当时全世界在微波炉上的消费需求大体上为1 500万台，如果格兰仕再扩大生产，平均每多生产一台，其生产费用会逐渐增加，由于消费需求受到限制，库存也会逐渐增加，最后导致销售费用不断增加，产生规模不经济的后果。

因此，尽管之前格兰仕曾宣称专注于生产微波炉，但迫于市场局势，也只好实行了生产多元化。于是，格兰仕在2 000年宣布，将一次性投入20亿元进军制冷行业，每年生产800万台空调，真正实现了从专业化生产向多元化生产的转变。

很多人总是认为企业规模越大越好，但事实证明，企业规模扩大以后，会增加与市场协调的成本，内部运行机制的协调难度也会不断增加，再加上管理与指挥系统十分复杂，信息的传送速度变慢，管理效率大为降低，边际收益不断下降，出现规模不经济现象。扩大生产规模可以带来规模效应，但也会带来风险。盲目追求规模扩张，是一种短视的经营行为，可能会给企业带来灾难性的影响。

五、贸易和交换是如何产生的?

在原始社会，生产力低下，社会分工尚未形成，还没有出现商品交换，不存在贸易行为。随着生产力逐步提高，社会分工开始产生，产品出现剩余。于是，人们就拿着自己生产的产品去交换其他人生产的另一种产品，以满足和丰富自己的消费需求。就这样，市场随之产生。早期的市场使用物物交换的形式，不需要用货币作为交换媒介。

唐宋时期的“茶马互市”就是物物交换模式的体现。

西藏属高寒地区，藏民需要摄入高热量的脂肪（如酥油、牛羊肉等），过多的脂肪在人体内不易分解，而茶叶既能够分解脂肪，又防止燥热，故藏民养成了喝酥油茶的高原生活习惯，但藏区不产茶。而在内地，民间役使和军队征战都对骡马有着很大的需求，但供应量远远不够，在藏区和川、滇边地良马颇多。于是，具有互补性的茶和马的交易，即“茶马互市”便产生了。

货币属于一般等价物，通常追求的是方便携带，且具有信用性，可以直接与其他产品进行等价交换。早期货币的形式曾有贝壳、铜币、金币，直至北宋时期出现纸币“交子”。

不管是哪一种货币形式，都与贸易密不可分。纵观人类发展史不难发现，社会分工越细，产品剩余越多，贸易越繁荣，经济越发达，文明程度也就越高，国家就越强大。葡萄牙、西班牙、荷兰、英国在历史上都曾称霸世界，它们的强盛无不源于发达的国际贸易。

可见，贸易是文明的标志，对物质文明和精神文明均如此，贸易不但带来了丰富的商品供给，也让科学技术、文化艺术、思想观念等各种信息得以广泛传播。贸易和交换的出现是人类文明发展的必然阶段。

贸易经济能够让大家互相交换成果，自己不用亲自生产就能从他人那里得到自己需要的东西。互相交换远远比孤立生产效率更高。就像一辆汽车，发动机由瑞典制造，车体由美国提供，轮胎在泰国生产，保险杠由日本提供，车灯由韩国提供，最后在中国进行组装加工。在这一过程中，贸易经济充分发挥了各国的生产优势，从而生产出了低成本、高质量的汽车。

虽然国与国之间存在着竞争，但是两国之间的贸易并不像体育比赛一样，一方赢就意味着另一方输。事实正好相反，国际贸易可以使参与贸易的各个国家都变得更好。贸易使各国可以专门从事自己最擅长的活动，并享有各种各样的物品和劳务。

曼昆的《经济学原理》中有一个简单的经济模型解释了这一原理：假设世界上只有两个人——牧牛人和种土豆的农民。如果两个人“老死不相往来”，那么双方都只能消费各自的产品；相反，两个人进行贸易，则双方会在合理的价格下实现“双赢”。

贸易和交换是人类历史发展的必然，是人类最伟大的发明之一，跟每个人

的生活、工作、学习都息息相关。因此，当你在尽情享受生活带来的无限乐趣时，请不要忘记自己也是贸易经济中的参与者。

六、经济学的最基本问题：供给与需求

经济学家萨缪尔森在他的《经济学》中有一句话："你可以使一只鹦鹉成为经济学家，但前提必须是让它明白'供给'和'需求'。"供给和需求是经济学的最基本问题，只有弄懂了供给和需求，才能明白整个经济学。经济学家一直致力于供给与需求的均衡分析，包括均衡的条件和均衡的稳定性。

就一个国家而言，居民的消费需求与服务供给需协调发展。2018 年以来，我国的服务消费需求持续旺盛。数据显示，上半年，国内旅游人数达到 28.26 亿人次，同比增长 11.4%。国内旅游收入 2.45 万亿元，增长 12.5%。全国电影票房 320.3 亿元，观影人次达到 9.01 亿，分别增长 17.8%和 15.3%。马拉松等体育消费势头强劲，经常性参加体育锻炼的人数不断增加。

面对持续旺盛的消费需求，该如何满足？国家发改委社会司司长欧晓理表示，要充分发挥市场机制的作用，进一步激发社会领域民间投资的活力，培育和发展文化、旅游、体育、健康、养老、家政、培训等社会领域的服务业，不断丰富公共服务供给，释放居民的消费潜力，更好地满足人民日益增长的对美好生活的需要。

供给是指在某种价格水平时整个社会的厂商所愿意供给的产品总量。所有厂商所愿意供给的产品总量取决于他们在提供这些产品时产品的价格，以及所必须支付的劳动成本与其他生产要素的费用。供给量随着价格上升而增加，随着价格下降而减少，也就是说，供给量与价格是正相关的。

需求是指消费者在某一特定时期内，在某一价格水平上愿意而且能够购买的商品量。需求要具备两个条件：有购买欲望，且有购买能力，两者缺一不可。需求定律认为，价格与需求是负相关的。

在生活中有两个经常用到的定理，其一是供给定理，即在一定条件下，商品的价格越高，供给量就越大；其二是需求定理，即在一定条件下，商品的价格越低，消费者对商品的需求量就越大。通过这两个定理我们可以得知，在一定条件下，可以通过调节价格达到供需均衡，此时商品既不存在短缺现象，也

不存在过剩现象，因此也就不存在使价格进一步变化的压力。

了解了供需均衡，才能更透彻地了解价格变化的原理，商家可以依据供需状况及时调整库存。

当市场上水果的供给量过大时，水果商慢慢会发现，其冷藏室内堆积了越来越多的无法卖出去的水果，于是他们便采取措施降低水果的价格，直到供需达到均衡时为止。

当市场上消费者对水果的需求量过大时，水果供应量便相对不足，消费者为了吃到水果，只好排长队购买。由于太多的消费者抢购太少的物品，行情很好，水果商便会提高水果的价格，想以此增加利润。随着水果的价格上升，市场又一次向供需均衡变动。

弗里德曼说：“均衡状态是这样一种状态，它一经确立，就将被维持下去。”这时市场上最稳定的价格形成了，卖苹果的和买苹果的都会以这个价格来提供或消费商品，所以他们最终共同决定了苹果在市场上的价格。

七、蛛网理论：丰收的年份农民收入为何减少？

蛛网理论是指某些商品的价格与产量变动相互影响，引起规律性循环变动的理论，并且因为这些连续变动用图形表示犹如一张蜘蛛网而得名。依据蛛网理论，商品价格与产量是相互影响的循环，商品本周期的价格影响其下一周期的产量，而本周期的产量则受到前一周期商品价格的影响。由于前一周期的市场价格与本周期的市场价格很有可能不一致，从而导致产量和价格偏离均衡状态，出现产量和价格的波动。

市场经济并不完美，其调节经济的自发性和滞后性就是其内在缺陷。蛛网理论恰恰揭示了这一点。

张女士是河北玉田的蔬菜种植大户，某一年冬天，她家的大白菜产量非常大。她本以为自己家的蔬菜能很快进入北京超市，并销售一空，但100多万斤大白菜却

一直堆放在家中。

大白菜作为北京市民冬季的当家菜，在这一年冬天又开始大量上市，但北京周边的多个大白菜主产区遭遇销售困境。其实，不仅仅是河北省，其他如山东省、河南省、山西省等大白菜主产区也都遇到了大白菜销售不出去的难题。其实，大白菜的销售困难现象不止是在这一年出现，在往年也是经常出现的，大白菜似乎陷入了频繁滞销的怪圈儿。

大部分菜农主要凭感觉种植，如果种的大白菜比去年多。产量过剩就是造成今年大白菜滞销的主要原因，另外蔬菜品种的丰富让消费者对冬储大白菜的需求量也大幅下滑。

这种现象之所以会频繁出现，是因为农业生产存在着周期性，而且农产品的储存时间一般不长，导致农民在交易时不占优势。如果农产品的供给量太大，相同的农产品之间存在竞争，农民会更迫切地想要实现交易，价格也就会被压得更低。这就是经济学家所说的“丰收悖论”，是指农民经常陷入获得丰产却没有增收的怪圈的矛盾现象。这种现象出现的根本原因就是农产品的需求弹性低及生产周期长。“丰产不增收”的现象严重打击了广大农民的生产积极性，对中国农业的发展形成了不小的阻碍。

“丰产不增收”的根本原因在于供需双方信息不对称。很多农户比较分散，在组织农业生产时单打独斗，根本不熟悉市场行情。当农产品价格快速上涨时，这些分散的农户认为有利可图，便盲目扩大种植规模，给来年农产品滞销和价格下跌埋下了隐患。

作为市场经济中的一分子，农民就像大海中的一叶扁舟，无法在市场经济的波涛骇浪中独善其身，往往会面临很大的风险，因为他们不太容易做出正确的市场预测，承担市场风险的能力也较弱。

农民要想走出这种困局，除了自身努力之外，有关部门应大力发展家庭农场、农民合作社等经营主体，把分散的农户集中到一起，大家一起抱团取暖，开展规模化经营，以提高应对市场风险的能力。农民也要跟得上互联网时代的潮流，开展农产品电商；重视运用农业科技产品，不仅可以提升农产品的生产效率，也能提升农产品的品质，提高市场竞争力；不要把农产品局限在某一种用途上，而应该拓展其应用范围，进行农产品深加工，拉伸农产品的产业链。

八、交易成本理论：为什么便利店建在楼下？

交易成本又称为交易费用，是指在完成一笔交易时，交易双方在买卖前后所产生的各种与此交易相关的成本。交易成本理论最早由美国经济学家罗纳德·科斯提出。他在《企业的性质》一文中提出，交易成本是通过价格机制组织产生的，最明显的成本就是所有发现相对价格的成本，市场上发生的每一笔交易的谈判和签约费用，以及利用价格机制存在的其他方面的成本。

每个人在实现交易行为的时候都会产生交易成本。交易成本是创造财富的障碍。交易成本既限制了我们的生产能力，又减少了我们从交易中获取的利益。交易成本是人与人之间进行交易所必需付出的成本。对于不同的人来说，其交易成本也是不同的。

一个郑国人想要到集市上购买鞋子。早上在家里时他量了脚的尺码，但一不小心把量好的尺码落在了座位上，到了集市的时候才发现自己忘带了。他拿起鞋子，对卖鞋子的人说：“我忘了把量好的尺码带过来了。”于是他返回家中去拿量好的尺码。等到他回到集市的时候，发现集市已经散了，买鞋的愿望落空了。有人说：“你为什么不穿上试一试呢？”他说：“我宁愿相信量好的尺码，也不相信自己的脚。”

这则寓言故事讽刺了那些固执己见、教条主义、不知变通的人。但我们从郑人买鞋的过程来看，他在集市和家之间辗转两次，浪费的大量时间和精力就是交易成本，而且交易成本过高，结果付出了交易成本，却没有获得交易成果，最后的收益是负值。

总体而言，交易成本可分为以下几项。

（1）信息搜寻成本。消费者要在琳琅满目的商品种类中找到自己想要的商品，肯定需要花费时间和精力；企业在进入市场之前，也要组织人员进行市场调查，搜集市场信息，对此提供的支持也需要费用。

（2）取得交易对象信息后，我们要对其进行分析、整理、备份，与交易对象信息交换，在这些行为中所产生的成本就是信息成本。

（3）交易成本还包括议价成本，针对契约、价格、品质讨价还价的成本。

（4）决策成本，即进行相关决策与签订契约所需的内部成本。

（5）交易发生后，违约后要支付违约金。

通常人们认为中间商仅仅增加了商品价格而未提供利益，其实一旦我们认识到交易费用是交易的障碍，就能看出这种观点并非准确，我们经常会想抛弃掉中间商，却很少有人能够实现。

为什么便利店建在楼下？便利店最突出的特点就是便利，尽管有时候便利店的商品比商场的价格高，但还是颇受年轻人的青睐。现在人们生活节奏比较快，尤其对于上班族来说，越来越多的人通过便利店来解决自己的早餐或急需物品。他们明明知道自己做饭花费更少，为什么还选择便利店呢？因为哪怕仅仅准备一顿简单的早餐，也需要投入时间和精力，这些都是隐性成本。便利店的存在极大程度上减少了交易费用。虽然我们可能根本没有注意到交易成本的概念，但是这个行为本身已经包含了交易成本。

科斯认为，正是因为存在交易费用，市场中的交易行为成本很高，为了减少交易费用，企业便出现了。企业采取不同的组织和管理方式，其最终目的也是为了节约交易费用。当企业内部管理和协调成本低于市场交易成本时则有利可图，企业便存在竞争力；而当两者相等时，企业无利可图，于是丧失了竞争力，没有动力进行可持续发展，此时就是企业规模扩张的界限。

九、竞争总是好的吗？无法避免的价格战

在一个自然保护区里，人们为了让鹿免受狼的侵害，便把狼全部消灭了。由于鹿没有了天敌，不用到处躲藏，十分安全，生活过得非常安逸，于是大量繁衍，导致自然保护区的生态遭到严重破坏，之后瘟疫蔓延，鹿群无法抵御瘟疫的侵袭，开始大量死亡。

于是，护养人员又把狼放到自然保护区中。狼和鹿之间又开始了生存竞争。在狼的威胁之下，鹿群只好恢复到以往的奔跑和紧张状态。这样一来，除了老弱病残者被狼捕食外，其他鹿的体质不断增强，整个鹿群又恢复了往日的生机。

这个故事表明竞争是必要的，在人类经济生活中，竞争对人类发展的促进作用也是非常明显的。

在完全竞争的市场中，商品生产者会在竞争的压力下竞相降低成本，压低售价，使消费者能够以尽可能低的价格来购买商品，而生产者以这种价格出售产品也能获得利润。从社会角度来看，完全竞争能够充分分配社会资源，使其有效分配到每一个部门、每一种商品的生产上，并得到有效利用。生产效率低的企业会逐渐在竞争中落败，以破产或者被兼并、收购的形式，使其资金、劳动力、设备等社会资源重新分配到竞争获胜的企业中。

2019 年 1 月 8 日，青岛海尔股份有限公司通过在境外的全资子公司海尔欧洲支付 4.75 亿欧元，折合人民币约 38 亿元，收购了意大利的家电制造商 Candy 公司。海尔以成为全球家电行业领军品牌为目标，而欧洲是海尔最重要的海外市场之一，通过收购 Candy 公司，海尔将会再次优化欧洲的产品结构，以满足市场不同层次的消费需求，为消费者提供更加优质的产品，从而加快海尔在欧洲市场的品牌布局。

没有竞争，人类会停止改善世界的努力；没有竞争，市场就会出现停滞。因此，我们应接受竞争，鼓励竞争，创造公平竞争的环境。

“价格战”一般是指企业之间通过竞相降低商品的市场价格而展开的一种商业竞争行为，其主要的内部动力包括市场拉动、成本推动和技术推动等。企业运用“价格战”是为了打压竞争对手，占领更多的市场份额，有的时候也可能是为了消化库存。

“价格战”即价格竞争，实际上是市场经济下最基本的竞争形式，也是最容易应用的竞争形式。无论在哪个行业，“价格战”都普遍存在。很多实行“价格战”的企业获利颇丰，有的大幅提升了市场份额，确立或稳固了其市场地位；有的迅速提升了市场知名度，收获了一大批消费者。这正是价格竞争的魅力所在。

当今社会，市场经济发达，生产规模扩大，市面上商品种类丰富，货源充足，逐渐出现产品过剩的局面。对于生产厂商来说，他们不得不在价格、质量、售后、服务等方面展开激烈的竞争。在商品质量相似的同时，厂商们就开始在价格上进行比拼。

格兰仕微波炉在创业初期就是靠打“价格战”成功的，还有优衣库的成功也是因为商品优质低价，小米手机也是靠的高品质、低价格。可以这样说，你只要进市场，就免不了会遇到同行跟你打“价格战”。

“价格战”存在于各个领域的企业、公司之中。企业间的竞争，核心在于资源实力的较量，通过资源的优化配置，繁衍出一系列竞争方式。价格竞争是其中之一，而且最直接，最快速，最有效，杀伤力最强。因此，打“价格战”成了很多品牌产品占据市场的最佳选择方式。

既然无法避免“价格战”，我们就应该积极面对。最重要的是降低成本，一个新产品推出去，要打开市场，形成强大的竞争力，产品的成本一定要降下来。如果成本太高，产品再好也很难打开市场，成本高相当于折断了腾飞的翅膀。但是，降低成本并不等于降低品质，通过降低品质来打价格战，无异于慢性自杀。另外，还要精准定位，找准目标客户，采取薄利多销的方式，提高产品销量。

第八章

“看得见的手”——政府调控对市场经济的纠偏

在经济活动中，市场是那只“看不见的手”，而政府的调控则被称为“看得见的手”。当市场调节失灵时，“看得见的手”应及时出现。只有“两只手”默契配合，有机统一，相互协调，才能相互促进，保证市场经济健康、有序地发展。

一、从计划经济到市场经济，中国经济体制转型

新中国成立以来，曾经历过两次大的经济制度变革。第一次出现于20世纪50年代，确立了社会主义的计划经济体制；第二次是1978年的十一届三中全会，开启了由计划经济向市场经济体制的转变。

改革开放40年来，中国发生了翻天覆地的历史巨变，从一个落后和封闭的国家跃升为一个GDP居世界第二、高度开放的经济体。从计划经济到市场经济的转型是一个前所未有的大转型。

计划经济又称指令型经济，顾名思义，就是有计划地发展经济。在这种经济制度下，生产、资源分配以及产品消费各方面都由政府事先进行计划，生产资料归全体劳动人民所有。在这种体制下，全体人民通过民主集中，用经济和社会计划来解决资源配置和利用问题，以实现全民所有，具体表现为全民就业、全民免费医疗、免费教育、免费住房等，以此来体现劳动人民是社会的主人。

随着生产力的不断发展，计划经济体制开始暴露出各种弊端，例如无法充分调动人们的劳动积极性，容易出现过多的决策失误，对市场的反应不太灵敏等。1978年，中国实现改革开放，开始由计划经济向市场经济转型，全面推行社会主义市场经济体制。

改革开放之后，农民逐渐富裕起来了，从之前的短缺贫瘠，慢慢变得富足充裕。

据河北省统计局数据显示，1978年，河北省粮食总产量仅为1 688万吨，而2017年达到3 829万吨；2017年，全省农村居民人均可支配收入12 881元，是1978年的113倍。

改革开放也让国有企业的发展势头越来越强。近年来，河北省不断加大国企战略重组的力度，目前已培育了河钢集团、冀中能源、三友集团等重型企业，为国有资本做大、做强起到了巨大的推动作用。2017年，省国资委监管的国企实现营业收入7 104亿元，利润总额为125亿元，同比增长26.4%，利润是近年来的最好水平。

在市场经济制度下，产品和服务的生产及销售完全由市场的自由价格机制引导，并没有一个中央协调的体制来指引其运作。

从理论上来说，市场将会通过供给和需求的相互作用，自发地进行调节，最后达到自我组织和供需平衡的效果。

虽然市场机制比计划经济更有效率，但它在实际操作过程中也存在缺陷。市场机制也不是万能的，不可能有效地调节经济的所有领域，因此难免会出现市场失灵现象。

市场经济的正常运行需要“看不见的手”和“看得见的手”共同来发挥调节作用，市场机制先行，如果市场机制无法发挥调节作用，市场失灵时，“看得见的手”就要及时进行合理干预，避免市场失灵所产生的消极后果，从而保证市场机制正常运转。

中国加入 WTO 以来，开始积极践行新发展理念，经济发展开始强调高质量。面临更重大的改革和转型，站在新的历史起点上，我国将加快完善社会主义市场经济体制，健全市场体系，理顺政府和市场的关系，使市场在资源配置中的基础性作用得到巩固。

要想促使经济稳定、持续、健康地发展，就要协调使用“看不见的手”和“看得见的手”，形成市场作用和政府作用的有机统一、相互补充、相互协调、相互促进。

二、宏观调控：市场调节失控的“救火员”

宏观调控是国家综合运用各种手段对国民经济进行的一种调节与控制，是保证社会再生产协调发展的必要条件，也是社会主义国家管理经济的重要职能。

实施宏观经济政策是国家或政府进行宏观调控的主要方法之一。国家或政府运用其能够掌握和控制的各种宏观经济变量制定指导原则和措施。严格地说，宏观经济政策包括财政政策、货币政策、收入分配政策和对外经济政策。

一般认为，宏观调控主要有四个目标：促进经济增长，增加就业，稳定物价，保持国际收支平衡。

2012 年以来，我国经济的平均增速达到 7.2%，在世界主要经济体中位居前列。

居民消费价格指数（CPI）增高，2013 年至 2016 年 CPI 年均上涨 2.0%；生产者物价指数（PPI）从负转正，实体经济由通缩转向复苏。就业问题解决较好，城镇新增就业每年都超过 1 200 万人，城镇调查失业率稳定在 4%左右。国际收支不平衡状况得到很大改善，近年来面临的人民币汇率波动风险得到有效控制，外汇储备水平趋于稳定，投资者对中国经济的信心在提升。经济结构优化调整，最终消费支出对 GDP 的贡献率从 2012 年的 55%大幅提高到 2016 年的 65%。

国家在进行宏观调控时，运用计划、法规、政策等手段对经济运行状态和经济关系进行干预和调整，把微观经济活动纳入国民经济宏观发展轨道，及时纠正经济运行中偏离宏观目标的倾向，以保证国民经济持续、快速、协调、健康地发展。

具体来说，宏观调控可以促进市场发展，规范市场运作，起到对社会经济的调节和控制作用。例如，当粮食价格飞涨，影响到老百姓的正常生活时，国家就下达指令，拿出国库存粮，增加粮食供应量，干预市场供需状况，以此来调节粮价，稳定市场。

市场并非调节供需状况的万能良药，它存在自发性、盲目性和滞后性等缺陷。当市场失灵时，政府就需要出面干预与调节，使政府调控与市场规律相结合，维持市场经济稳定发展。

总之，通过宏观调控实现资源的优化配置，可以为国家经济的良好运行提供强有力的环境，使市场经济得到正常运转和均衡发展。

三、财政政策：实现宏观经济目标的重要工具

财政政策是国家制定的指导财政分配活动和处理各种财政分配关系的基本准则。它是客观存在的财政分配关系在国家意志上的反映。国家实行财政政策是为了提高就业水平，减轻经济波动，防止通货膨胀，实现经济的稳定增长而对政府财政支出、税收和借债水平所做的选择，或对政府财政收入和支出水平所做的决策。

财政政策是国家整个经济政策的组成部分，同其他经济政策有着密切的联系。财政政策的制定和执行同时要有金融政策、产业政策、收入分配政策等其

他经济政策的协调配合。

财政政策的主要内容包括收入政策和支出政策。

政府收入的主要来源是税收。税收是国家为了实现其职能，凭借其政治权力，按照法律规定的标准，强制性地、无偿地取得财政收入的一种手段。税收具有乘数效应，国家可以通过调节税收来使国民收入得到倍增。当税收不足以支撑政府支出时，政府就会利用自身的信用发行公债，筹集资金。

政府支出是指整个国家中各级政府支出的总和，由具体的支出项目构成，主要可以分为政府购买和政府转移支付两类。

政府购买

指政府对商品和劳务的购买，如购买军需品、机关公用品、政府雇员报酬、公共项目工程所需的支出等。

政府转移支付

指政府在社会福利保险、贫困救济和补助等方面的支出，例如提高某些群体（如老人或失业者）的收入。转移支付不能算作国民收入的组成部分，它所做的仅仅是通过政府将收入在不同社会成员之间进行转移和重新分配。

增加财政支出可以刺激总需求，进而刺激产品生产，从而增加国民的总收入；反之则压抑总需求，减少产品生产，降低国民的总收入。现代国家的财政政策要根据不同时期经济发展的不同情况做出合理调整。

国家在一个财政年度内的财政收入大于财政支出的部分，我们称之为财政盈余，而财政支出大于财政收入而形成的差额则是财政赤字。

从理论上来说，财政的最佳状况是财政收支平衡，在现实中当然不可能完全做到收支平衡，但财政收支相抵或略有节余也属于财政收支平衡。然而，在平时的经济活动中，国家在解决大量问题时需要大量的财富，入不敷出的局面时有发生。

我们可以从财政赤字的大小判断财政政策的方向和力度，衡量财政政策状况。适度的财政赤字也有一定的好处，它可以在一定限度内刺激经济增长。当居民消费不足时，政府通常的做法是加大投资，以拉动经济增长。但从长远来看，长期的财政赤字是一种危险信号，容易形成泡沫经济。

财政政策根据调节国民经济总量和结构中的不同功能来划分，可以分为扩张性财政政策、紧缩性财政政策和稳健的财政政策。

扩张性财政政策	紧缩性财政政策	稳健的财政政策
又称积极的财政政策，是指通过财政分配活动来增加和刺激社会的总需求，主要措施有：增加国债，降低税率，增加政府购买和政府转移支付（通货紧缩时政府会用到）	又称适度从紧的财政政策，是指通过财政分配活动来减少和抑制总需求，主要措施有：减少国债，提高税率，减少政府购买和政府转移支付（通货膨胀时政府会用到）	稳健的财政政策指财政的分配活动对社会总需求的影响保持中性

在现代市场经济体系下，财政政策是实现宏观经济目标的重要工具。2018 年，中国财政政策不断为经济稳增长做出贡献，为企业添活力，为个人添动力，成为经济平稳、健康发展的推动力。

未来要实施更加积极的财政政策，可以从减税降费与加大投资两方面来努力，确保供给端和需求端共同发力，保证经济中长期稳定、较快增长。

四、货币政策：用金融杠杆撬动经济发展

民生银行首席研究员温彬说，2018 年中央经济工作会议对货币政策的表述与去年相比发生了三处变化。

首先，“保持中性”变成“松紧适度”。发生这一变化的原因是受经济形势变化的影响。此次会议强调，虽然经济运行总体向稳，但其中也隐含着变化，在这些变化中也有一些令人担忧的因素，这就要求货币政策必须做出前瞻性、灵活性的调整。货币政策要松紧适度，采用逆周期调控方式来消除经济周期波动带来的不利影响。

其次，今年强调要“保持流动性合理充裕”。温彬表示，做出这一强调的原因

是目前流动性发生一些新的变化。例如，外汇占款作为基础货币投放的主要来源，其额度已经连续 4 个月下降，需要通过加大公开市场操作等一系列货币政策工具减少外汇占款额度下降带来的不利影响，从而保持流动性合理充裕。

再次，今年强调要“改善货币政策传导机制”。温彬称，从今年来看，货币政策在保持流动性稳定方面效果明显，市场利率趋于回落，但整体信用状况仍给实体经济，特别是一些民营和小微企业融资带来压力。

货币政策，广义上是指政府或中央银行为影响经济活动所采取的措施，尤指控制货币供给以及调控利率的各项措施；狭义上指中央银行为实现其特定的经济目标而采用的各种控制和调节货币供应量或信用量的方针和措施的总称，包括信贷政策、利率政策和外汇政策。

货币政策分为扩张性货币政策和紧缩性货币政策。

在经济萧条时期，中央银行采取措施降低利率，由此引起货币供给增加，刺激投资和净出口，增加总需求

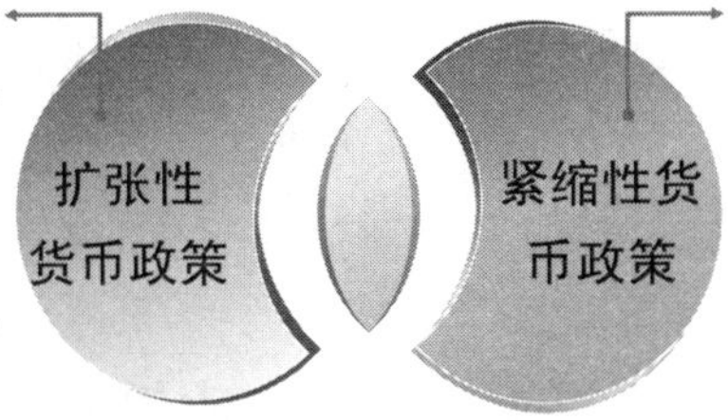

经济过热，中央银行采取一系列措施减少货币供给，以提高利率，抑制投资和消费，减少总产出或放慢增长速度，使物价控制在合理水平

国家实施货币政策的最终目标主要有以下四个。

（1）稳定物价。稳定物价是中央银行货币政策的首要目标。要想稳定物价，人民币的币值就要稳定，因此中央银行要控制通货膨胀，使物价水平不至于发生比较大的波动。

（2）充分就业。所谓充分就业，是指将就业率保持在较高、稳定的水平，凡是有工作能力并有意愿参加工作的人，都能在比较合理的条件下随时找到合适的工作。充分就业是针对可利用资源的利用程度而言的，但要想测定利用程度，困难太大，一般按

照劳动力的就业程度为测量基准，将失业率看作衡量就业程度的指标。失业率较高，则说明就业程度较低；失业率较低，说明就业程度就越高。

（3）实现经济增长。中央银行可以用增加货币供给或降低实际利率水平的办法来促进投资增加；或者通过控制通货膨胀率，以消除其所产生的不确定性和预期效应对投资的影响，从而使国民生产总值的增长保持合理、较高的速度。

（4）保持国际收支平衡。国际收支平衡是指一国对他国的全部货币收入和货币支出相抵基本平衡，略有顺差或逆差。一国国际收支出现失衡，不管是顺差还是逆差，都不利于其经济发展。长期的巨额逆差会加快外汇流失的速度，造成本国外汇储备急剧下降，还有可能承担沉重的债务；而长期的巨额顺差会导致外汇急剧增加而闲置，在购进外汇时需增发本国货币，很可能引发或加剧国内的通货膨胀。因此，国家或政府应采取各种措施来调节国际收支，使其趋于平衡。

货币政策的改变可能会影响经济体的相对价格，而相对价格的变化自然会导致资源配置产生变化，货币可能并不是中性那么简单。因此，国家或政府需要深入研究货币总量的结构化效应及其对资源配置的影响。

五、收入政策：与货币政策与财政政策配合使用效果更佳

收入政策是政府为降低一般价格水平上升的速度而采取的强制性或非强制性的限制工资和价格的政策，目的在于影响或控制价格、货币工资和其他收入的增长率，是货币政策和财政政策以外的一种政府行为。

与财政政策、货币政策相比，收入政策具有更高层次的调节功能，它制约着财政政策和货币政策的作用方向和作用力度，而且最终也要通过财政政策和货币政策来实现。

收入政策可以是强制性的，也可以是非强制性的。强制性的收入政策包括政府提出工资和价格指导指标，或口头劝告等；非强制性的收入政策包括政府下达法令，冻结价格、工资，并由具体主管机构实施。

一般情况下，收入政策会收到良好的效果，但在经济过热时往往会失败。口头劝告、指导性指标等非强制性收入政策一般无法缓解通货膨胀的压力，而全面冻结价格、工资等强制性收入政策虽然暂时可以获得一定的成效，然而一

旦解除冻结，通货膨胀的情况会更加严重。

收入政策的目标包括收入总量目标和收入结构目标。收入总量目标着眼于近期的宏观经济总量平衡，着重处理积累和消费、人们近期生活水平改善和国家长远经济发展的关系，以及失业和通货膨胀的问题。

收入结构目标则着眼于处理各种收入的比例，以解决公共消费和私人消费、收入差距等问题。

收入总量调控政策主要通过财政机制、货币机制来实施，还可以通过行政干预和法律调整等机制来实施。

财政机制通过预算控制、税收控制、补贴调控和国债调控等手段贯彻收入政策；货币机制通过调控货币供应量、货币流通量、信贷方向和数量、利息率等贯彻收入政策，因而收入总量调控通过财政政策和货币政策的传导对证券市场产生影响。

收入分配政策是指国家为实现宏观调控总目标和总任务，针对居民收入水平高低、收入差距大小在分配方面制定的原则和方针。

偏紧的收入分配政策会抑制当地的投资需求，造成相应的资产价格下跌；而偏松的收入分配政策则会刺激当地的投资需求，促进资产价格上涨。

收入分配政策不仅会影响总体收入水平，还会对一个经济体的收入分配结构产生直接影响。比如，当不同社会群体之间的收入差距加大时，收入政策就会影响到私人银行业务的发展空间。

收入政策可以采取以下形式。

（1）工资—物价指导线，即由政府根据长期劳动生产率来确定工资和物价的增长限度，要求把工资—物价增长限制在劳动生产率平均增长幅度内。

（2）对特定工资或物价进行“权威性劝说”或施加政府压力。

（3）实行工资—物价管制，即由政府颁布法令，对工资和物价实行管制，甚至实行硬性冻结。

（4）通过税收政策调整工资增长率。

一般认为，收入政策虽然在短期内可能会起到制止通货膨胀的作用，但从长远来看，收入政策不仅不能制止通货膨胀，反而会因为限制资源流动，无法合理配置资源，最终损害经济的正常运行。因此，为了更好地制止通货膨胀，收入政策需要与紧缩性的财政政策和货币政策相互配合使用。

中国个人收入分配实行以按劳分配为主体，多种分配方式并存的收入分配政策。按劳分配是市场经济的基本原则之一，也符合社会主义制度的基本要求。

按劳分配作为分配方式的主体，是市场经济最大限度地发挥劳动者生产积极性的最佳形式，因为按劳分配为社会成员在参与社会产品分配的过程中提供了基本原则和前提，更为提高经济活动的效益提供了内在动力。

在社会主义初级阶段，多种个人收入分配形式并存，多元化、多渠道的分配形式大体上可分为按劳分配和非按劳分配，按劳分配是主体。

实行这一分配制度，还要坚持效率优先、兼顾公平的原则。坚持效率优先，本质上来讲，就是优先发展生产力，摒弃吃“大锅饭”的平均主义，使个人收入出现差距，以此来激励劳动者的生产积极性，鼓励人们拼搏进取，努力奋斗。

正是一部分人和地区的拼搏奋斗，在竞争体制下不断提高工作效率，以诚实劳动和合法经营获得了巨大的财富增值，国家的整体经济发展水平才能有所提升，然后以此为基础进行的再分配，解决了全体社会成员个人收入分配两极分化的问题，并且兼顾了社会公平，努力促进共同富裕，在经济持续发展的基础上，同样实现社会稳定。

2018 年 8 月 31 日，十三届全国人大常委会第五次会议正式通过新个税法，2018 年 10 月 1 日起已经开始实行最新起征点和税率，并将于 2019 年 1 月 1 日起全面实施新个税，包括三险一金由税务部门统一征收，扣除附加专享扣除金额，用人单位社保补缴等。

新个税法规定，个人所得税的免征额从原来的 3 500 元提高到了 5 000 元，也就是说，个人所得额少于 5 000 元的人不用纳税，而超过 5 000 元的部分按重新调整后的税率分级纳税，扩大中低税率对应的收入级距。

假设某纳税人为独生子女，已婚，家中有一个上小学的孩子，父母均已年满 60 岁，在北京工作，目前在读硕士，月工资为 1 万元，社保公积金扣除 2 220 元，住房租金每月 4 000 元。个税改革前起征点是 3 500 元时，他每月应缴纳个人所得税 323 元。

2019 年 1 月 1 日后取得的工资，在不考虑到他爱人享受专项扣除的情况下，每月再享受 4 项专项附加扣除：子女教育专项附加扣除 1 000 元，继续教育专项附加扣除 400 元，住房租金专项附加扣除 1 200 元，赡养老人专项附加扣除 2 000 元，共计扣除 4 600 元。也就是说，这位纳税人的工资在扣除 5 000 元起征点后，还要再扣除 4 600 元，剩下的工资才需要缴纳个税。

六、产业政策：行业发展的重要推手

2018 年上半年，美国商务部对中兴通讯发出的出口权限禁止令让中兴通讯损失惨重，也让中国的通信行业真切地感受到了行业的危机。

集成电路是工业的粮食，在这一方面的技术水平和发展规模已经成为衡量一国产业竞争力和综合国力的重要标志之一，中国制造很大程度上是以集成电路的发展为技术基础和产业支撑的。

近年来，我国在半导体领域取得了不少的重大突破，但国内的半导体产业还远不能满足市场需要，因此进口芯片的费用一直很高。据报道，中国每年用于进口芯片的费用为 2 000 多亿美元，超过进口石油的费用。2016 年，国内集成电路市场规模接近 12 000 亿元，但国内产业销售额只有 4 335 亿元，自给率不到 40%。

中国的集成电路产业如何发展？近年来，不管是中央政府还是地方政府，出台的支持集成电路发展的相关政策和产业基金大批涌现，对国家集成电路产业的创新升级起到了巨大的推动作用。

产业政策是政府为了实现一定的经济和社会目标而对产业的形成和发展进行干预的各种政策的总和。产业政策的功能主要是弥补市场缺陷，有效配置资源；保护幼小民族产业的成长；缓解经济震荡；发挥后发优势，增强适应能力。

产业政策的主要内容分为以下几个方面。

（一）产业结构政策

产业结构政策是指根据经济发展的内在联系，揭示一定时期内产业结构的变化趋势及其过程，并按照产业结构的发展规律保证产业结构顺利发展，推动国民经济发展的政策。

该政策通过调整产业结构来调整供给结构，从而协调需求结构与供给结构的矛盾。国家要根据市场需求的发展趋势来协调产业结构，使产业结构政策在市场机制充分作用的基础上发挥作用。

（二）产业组织政策

产业组织政策是指通过选择高效益的、使资源有效使用、合理配置的产业组织形式，保证供给的有效增加，使供求总量的矛盾得以协调的政策。

实施这一政策可以实现产业组织合理化，为形成有效的、公平的市场竞争创造条件。这一政策是产业结构政策必不可少的配套政策。

（三）产业布局政策

产业布局政策是指产业空间配置格局的政策。这一政策主要解决如何利用生产的相对集中所引起的“积聚效益”，尽可能缩小由于各区域间经济活动的密度和产业的结构不同所引起的各区域间经济发展水平的差距。

在市场经济运行中，产业政策具有导向作用。它可以调整商品供求结构，有助于实现市场上商品供求的平衡；可以通过差别利率等信贷倾斜政策对资金市场进行调节，有助于资金合理流动和优化配置；可以打破地区封锁和市场分割，促进区域市场和国内统一市场的发育和形成。

一国的发展需要依靠市场与政府的力量并存，两者应该有机结合，在不完美的市场和不完美的政府之间找到平衡，而产业政策正是实现这种结合和平衡的重要工具。产业政策具有多重属性，它不仅是消除市场失灵现象的良药，也是实现国家战略、形成竞争优势、保障产业安全的手段。

在现阶段，中国的产业政策具体要围绕哪些方面来实行呢？

（1）产业政策要以国家发展战略为基石，以建设现代化经济体系，推动产业由大变强，实现高质量发展等战略目标为指引。

（2）产业政策要弥补市场失灵，对冲市场机制运行的负面效应，培育与完善市场功能，实现与市场力量的有机结合。

（3）强化功能性产业政策，营造产业发展的良好环境，激励创新创业，提升产业发展的要素与公共服务的支撑，规范市场主体行为。

七、供给侧结构性改革，为经济的中长期发展创造动力

自 2015 年 11 月“供给侧改革”政策出台以来，其就成为了高层讲话中使用的高频词。那么，究竟什么是供给侧改革呢?

所谓供给侧改革，就是从供给、生产端入手，通过解放生产力、提升竞争力来促进经济发展。具体来说，就是要清理僵尸企业，淘汰落后产能，将发展方向锁定在新兴领域、创新领域，创造新的经济增长点。

“供给侧”与“需求侧”相对应，投资、消费、出口“三驾马车”属于需求侧的三大要素，决定短期的经济增长率；而供给侧包括劳动力、土地、资本和创新四大要素，决定中长期潜在性的经济增长率。供给侧结构性改革的目标是通过调整经济结构，使生产要素得到最优配置，进而提升经济增长的质量。

我国目前面临经济下行压力，必须坚持以供给侧结构性改革为主线，深入推进改革，解决经济发展的深层次问题。

那么，我国该如何实施供给侧结构性改革呢?

供给侧结构性改革重点在“破”“立”“降”等三方面下功夫。

（一）“破”

破除无效供给，处置“僵尸企业”，推动化解过剩产能。具体来说，可以从以下三方面来实施。

（1）去产能，依法依规引导企业化解过剩产能，淘汰落后产能，探索建立市场出清长效机制，从总量性去产能转向结构性优产能为主，从以退为主转向进退并重，促进产能利用率保持在合理区间。

（2）去库存，推动住房制度改革和长效机制建设，加快消化玉米、稻谷库存。

（3）去杠杆，综合运用破产重整等方式，加快推动“僵尸企业”出清，创新市场化债转股交易模式。

破除无效供给，并非意味着供给总量会极大地减少，无效供给的退出会为有效供给的进入留下可用空间，这样便可以实现供需新平衡，使经济发展迸发出新的活力。

（二）“立”

推动转型升级，优化制度供给。

中国游客曾一度疯狂地购买德国炒锅、日本马桶盖等产品，而大量国货却无法销售出去。这种现象反映的正是我国制造业在供给侧层面所存在的问题。

当前，我国制造业面临中高端受压和中低端受挤的局面，制造业表面看起来很繁荣，但实际竞争力并不强，存在比较突出的供给侧结构性矛盾，发展不平衡、不充分。中国制造业的自主创新能力不足，在核心技术与高端装备方面对外还有很强的依赖性，而自己产出的无效和低端供给过多，有效和中高端供给不足，因而整体处于全球产业价值链的中低端。

制造业是我国经济的一个缩影。供给侧结构性矛盾不单单会导致制造业发展动力不足，也会让我国的整体经济增长因后劲欠缺而渐缓。

那么，我国应该如何在“立”上下功夫？中央经济工作会议指出，应培育新动能，强化科技创新，推动传统产业优化升级，培育一批具有创新能力的排头兵企业，积极推进军民融合深度发展。这是加快制造业优化升级、挺起中国制造业脊梁的有效路径，也是中国经济行稳致远的关键所在。

2017 年，我国新动能迅速成长，新旧动能加快接续转换。1 月到 11 月，高技术产业增值同比增长 13.5%，快于规模以上工业增加值 6.9 个百分点，支撑作用进一步凸显。前三季度，全国战略性新兴产业工业增加值增长 11.3%，锂电池、民用无人机、工业机器人等产量大幅提升。

（三）“降”

降低企业负担，增进民生福祉。

2017 年，我国扩大减半征收所得税的小微企业范围、清理能源领域政府非税收入电价附加等，大力减税降费，全年减轻社会负担超万亿元。1～10 月，我国规模以上工业企业每百元主营业务收入中的成本和费用同比各减少 0.26 元、0.25 元。

大力降低实体经济成本，降低制度性交易成本，继续清理涉企收费，加大对乱收费的查处和整治力度，深化电力、石油天然气、铁路等行业改革，降低用能、物流成本。

供给侧改革的重要性和必要性得到大家的普遍认同，中国可以通过这一改革找到经济增长的新方式。在这一政策的影响下，第三产业的发展速度会更快，科技创新的能力日益提升，供给结构的适应性和灵活性会一直提高，从而最终实现提高资源配置效率的目标。

供给侧改革是全面深化改革在生产要素领域的延续和聚焦。这一经济政策的提出和实施意味着，随着对供给端的不断完善，未来消费者在国内也能充分享受到物美价廉的产品，人们会逐步减少海淘、代购、国外抢购等行为，而人民群众最关心的购房、教育以及医疗等领域的问题也都将从根本上逐渐得到解决，这对中国经济的长远发展起着至关重要的作用。

八、市场失灵的表现：外部性与公共产品

所谓市场失灵，是指市场本身不能有效配置资源的情况，或者说市场机制存在某种障碍，造成配置失误或生产要素浪费性使用。如果市场一切运作正常，政府就不会对市场进行干预。但是市场也有失灵的时候，它通常解决不了诸如外部性和公共产品等问题。

一个人的行为对旁观者福利的影响称为外部性。如果对旁观者的影响是有利的，就称为“正外部性”；如果对旁观者的影响是不利的，就称为“负外部性”。

环境污染是负外部性的典型体现。假如个人或公司在当地的空气或水中排放废气废物，其下游或下风向的公司或个人会深受其害，例如增加患病的几率、公司减产乃至失去生命等。如果政府不采取相应措施进行干预，将导致过度生产的低效率。

单纯依靠市场调节，有时候无法避免污染等外部性问题，这时候就需要政府出面干预，以行政管制、法律、经济等手段来减少市场带来的污染。

还有正外部性的例子，比如发明。发明创造产生了新的知识，但是发明创造者往往无法从发明当中直接获得报酬，因为这些知识传播速度很快，被其他人知道以后就不再具有独占性。因此，政府通过设立专利来保护发明创造者的利益，保证发明创造者持续存在从事创造性活动的动力。

外部性通常是政府采取干预行为的原因，即鼓励正外部性的生产，禁止或遏止负外部性的生产。外部性将会影响买卖双方的决策。如果一件商品或一项服务的成本没有完全包含在价格中时，它将被过度生产；同样地，商品的价格不能完全反映它给社会带来的全部收益时，它的生产将不足。经济学家认为，这两种情况都将扭曲资源的有效配置，从而产生低效率。

著名的科斯定理认为，当外部性存在时，如果双方能以零成本进行谈判，就不会发生资源的扭曲配置。在某些情况下，如大片地区被污染，组织谈判的交易成本非常高，政府的干预就是合适的。考虑如何解决外部性问题时要兼顾效率与公平，既分析政府干预的收益与成本，又要考虑谁受益、谁受损的价值判断问题。

所谓公共产品，就是在消费上具有非竞争性和非排他性的产品，如公共设施、环境保护、文化科学教育、医药、卫生、外交、国防等。

非排他性是指一个人对公共物品的享用并不影响另一个人的享用。非竞争性是指消费者的增加不会引起生产成本的增加，如不拥挤的桥梁，非满载的火车车厢，未饱和运转的计算机等。非竞争性是从产品的不可分割性中产生的，这使得新增加的消费者在该产品的有效容量之内，都不会增加生产该产品的可变成本，从而使其边际成本为零。

一个人对公共产品的消费不会导致别人减少对该产品的消费，于是只要有公共产品存在，大家都可以消费。公共产品的供给固然需要成本，这种费用也理应由受益者分摊，然而“它一旦被生产出来，生产者就无法决策谁来得到它”，即公共产品的供给一经形成，就无法排斥那些不为其付费的消费者，于是不可避免地便会出现“搭便车现象”。更严重的是，既然如此，人人都希望别人来提供公共产品，而自己坐享其成，其结果便很可能是大家都不提供公共产品。

从本质上讲，生产公共产品与市场机制的作用是矛盾的，生产者是不会主动生产公共产品的。而公共产品又是全社会成员所必须消费的产品，它的满足状况也反映了一个国家的福利水平。这样一来，公共产品生产的滞后与社会成员与经济发展需要之间的矛盾就十分尖锐。

公共产品供给不利造成市场失灵，就需要政府干预，一方面政府直接提供公共产品，另一方面政府组织私人生产。只有市场规律和政府调控相结合，才能有效遏制“市场失灵”现象。

公共物品提供的方式主要有如下几种：

（1）政府提供。政府直接向公民提供各种公共物品，这是现实生活中最普遍的方式，如国防、安全、公共道路、给排水等。

（2）政府与私营机构签订合同。这是最普通、范围最大的一种形式。适应这一形式的公共产品，主要是具有规模经济的自然垄断性产品。政府允许私人企业投资建设公共基础设施，并通过若干年的特许独家经营，等到收回自己的投资并获得利润后，再由政府接管该公共基础设施，如广西的马江至梧州高速公路。

（3）政府授予私营机构经营权。政府将现有的公共基础设施以授予经营权的方式，委托给私人公司经营，如自来水公司、供电公司等。

（4）政府给提供公共物品的私营机构提供补贴。例如补助津贴、优惠贷款、减免税收等，政府提供财政补贴的主要领域是科学技术、基础研究、教育、卫生保健、住房、图书馆、博物馆等。

（5）私人提供。广播节目是公共物品，既无竞争性，也无排他性，却由私人提供。提供广播节目的私人，虽然不能从广播节目的消费者中收取费用，却可以向广告发布者收取广告费。

九、加强知识产权保护，撑起企业创新的“防护伞”

知识产权保护是创新创造的保护伞，是企业发展的定心丸。近年来，随着创新驱动发展战略的深入实施和大众创业、万众创新观念的蓬勃兴起，知识产权保护已经成为一种广泛的社会需求。

知识产权作为企业的无形资产，在企业发展过程中占据着越来越重要的地位。近年来，在政府大力推动以及政策扶持下，知识产权保护在企业中渐渐形成了一股热潮。

对于知识产权，很多企业已经不单单停留在“保护”的层面上，而是通过把研发成果进行保护后，转化成果来提升企业的核心竞争力。

2017 年，联想集团已经建立起国际化协同的知识产权管理体系，通过并购和自身积累，在全球范围内拥有专利和专利申请超过 26 000 余件，国际化商标超过

7 000 件。联想的发展离不开创新，离不开知识产权。

正是有了知识产权对科技创新成果的保护，企业和个人才能不断提高创新创业热情，推动社会生产力的持续提升。

具有知识产权的产品在创造的过程中往往非常艰难，耗时漫长，耗费巨大，且具有很多不确实性，而产品一旦研发成功，复制这些产品的成本极低，从软件、文学作品、音乐和电影，到药品、配方和工业流程都是如此。互联网的出现，更是将大范围地复制和传播很多产品的成本无限降低，接近于零。

印刷机、复印机、软盘、光盘、互联网，这些技术虽然改变了知识产权的物理载体和物理传播方式，但是它们都没有改变知识产权的归属。

软件开发者、作家、音乐人、电影工作者等人出售的不是光盘、纸张、油墨或者胶片，他们出售的是这些物理载体所包含的知识产权。知识产权不能因为换了一种传播方式或者载体就改变这种基本的产权归属关系。

恰恰是因为知识产权创造成本高，复制成本低，且通常不具备排他性的特点，使得知识产权的创造和传播是存在张力的。如里你想搞一个山寨软件，复制一下就行，几乎没有成本，且跟原版一样好用。因此，如果没有人保护知识产权，靠所谓的自由市场、充分竞争和互联网精神，结果一定会造成对知识产权的随意践踏。

离开对知识产权的保护，创新就是一句空话。创新与知识产权从来都是相辅相成的，只有在知识产权保护下的创新才是更有效的创新。“保护知识产权就是保护创新，用好知识产权才能激励创新。”健全的知识产权保护制度，是保护企业、科研人员安心投入到科技创新中的重要支撑之一。

放眼世界，主要发达国家通过健全的专利保护，实现了科技的飞跃发展。

德国第三大城市慕尼黑被誉为欧洲“知识产权产学研中心”。走在慕尼黑繁华的街道上，除了能看到代表“德国制造”的空中客车、宝马公司、西门子公司等高新企业，还能看到德国专利与商标局、德国联邦专利法院、各类专利事务所等为企业创新保驾护航的相关机构。注重对知识产权的保护，是德国成为欧洲经济和创新“心脏”的秘密。

我国党的十九大报告强调，倡导创新文化，强化对知识产权的创造、保护和运用。只有通过不断完善知识产权制度建设，建立行政执法和司法协调运作的专利保护机制等，才能真正为企业撑起创新的“保护伞”。

十、公地悲剧：章丘铁锅的爆红与滞销

所谓公地悲剧，即公地作为一项资源或财产，有许多的拥有者，他们中的每一个都有使用权，但没有权利阻止其他人使用，而每一个人都倾向于过度使用，从而造成资源枯竭。每个当事人都知道资源将由于过度使用而枯竭，但每个人对阻止事态的继续恶化都感到无能为力，而且都抱着“及时捞一把”的心态，最终导致事态不断恶化，无法收场的悲剧。

反公地悲剧是指资源或产权过度分割以致破碎化，导致资源排他性过强，进而造成资源使用不足的悲剧。从物理性质的角度，可以将反公地悲剧划分为有形的反公地悲剧和无形的反公地悲剧。有形的反公地悲剧主要是指与土地（如建设用地和耕地）、建筑物等有形资源相关，因排他性过强以致使用不足的情形；无形的反公地悲剧主要是指与知识产权（如专利、商标、版权）等无形资源有关，因排他性过强以致使用不足的情形。

某知名美食节目播出以后，章丘铁锅一夜之间蹿红，“十二道工序，十八遍火候，1 000℃高温冶炼，36 000 次锤打……”，更多的人从中看到了手工制锅的匠心独运，不少消费者更是为了购买一口正宗的章丘铁锅，慕名来到章丘。据了解，章丘区相公庄镇的省级非遗传人铁匠牛祺圣，一周内接待了近千人次，订单更是排到了几个月之后。

一时间，当地制作铁锅的家庭小作坊遍地开花，造成铁锅的质量良莠不齐，甚至出现了以次充好的现象。仅仅几个月，红极一时的网红章丘铁锅突然“遇冷”，不仅产品滞销，甚至很多跟风的家庭小作坊也纷纷停产关门。

章丘铁锅的由盛转衰其实就是一起典型的区域公共品牌“公地悲剧”。事实上，类似事件已不是第一次出现。金华火腿、龙口粉丝、许昌腐竹、太仓肉松等例子不胜枚举，这些知名地方特产曾经都因质量安全等问题被曝光，声誉受到极大影响，它们都在“公地悲剧”中扮演过主角。不管跟这些产品沾不沾边，

人人都想沾“公地”的光，搭车寄生，导致市场上的产品真假参半。这些“公地悲剧”的发生已经为我们敲响了警钟。

近年来，各地普遍比较重视申报、推广区域公用品牌，但对区域公用品牌的授权、监督和管理则相对滞后，常常导致未授权生产主体滥用，假冒伪劣产品频现的现象。章丘铁锅爆火之后涌现出来的大部分小作坊并没有办理生产经营手续，就说明了这一点。

俗话说：“一方水土养一方人。”以章丘铁锅为代表的“公地悲剧”说明，作为诞生在“一方水土”上的地方特色产品，也需要一方人的供养。如果这些地方的人只是一味透支“一方水土”的价值而不知保护，只能自食恶果。显然，发展地方特色产业需要沉心静气，以品质、匠心取胜，不能过度追求产销量。更要重视品牌经营，为品牌做好规划，同时加强市场监管，严厉打击假冒伪劣，为那块可以价值再生的“公地”提供全方位的保护。

在现代市场经济条件下，重视品牌经营，为品牌做好规划，或许才是“章丘铁锅”们的长远利益之所在。

第九章

让经济学研究“回到现实中去”
——接地气的行为经济学

传统经济学理论将人视为理性的，而在行为经济学看来，人类却是感性动物，很多时候做出的决策是非理性的，导致产生错误。作为一种实用经济学，行为经济学将行为分析理论和经济运行规律、心理学与经济科学有机结合起来，从而发现传统经济学理论中的疏漏，并进行修正。那么，行为经济学都包含哪些内容呢？我们又该如何运用行为经济学理论拒绝非理性决策呢？

一、经济人与非理性的人：违背经济学理论的“错误”行为

一直以来，西方经济学理论的核心假设是经济人假设。所谓经济人，指的是理性经济人，也就是说人的一切行为都是为了最大限度地满足一己之利，以个人利益最大化为目标。因此，人们在做出决策时会遵循最优化原则。

大多数经济学家将经济人假设归纳为以下四个要点。

1. 经济人概念来源于亚当·斯密
2. 经济人是对经济生活中一般人的抽象
3. 经济人的本性是利己的
4. 经济人在经济活动中的行为是理性的

比如，在某个家庭可能会购买的所有商品或服务中，这个家庭会在自身可承受范围内选择最好的。

然而，经济人假设存在着理论缺陷。回归到现实中，人们在遇到最优化问题时，往往无法解决它们，甚至都找不到一种解决方案，何谈最优方案？即使是去超市购物，在预算范围内可以购买的商品组合也非常多，他们做出的选择真的是最优的吗？

除了购物以外，我们可能在生活中遇到过很多其他的更加复杂的问题，往往都无法获得最优方案。

李先生和他的妻子把所有的钱都放在一起保管。有一次，他的妻子给他买了一件昂贵的羊绒衫作为生日礼物。其实他在之前也见到过这件衣服，只是当时觉得价格太高，买下来太心疼。当妻子把它作为生日礼物送给他时，他却很高兴。

我约朋友在我家聚会，我们边喝饮料边等待烤箱内的食物。我先端出来一大碗腰果让他们垫垫肚子。没想到大家吃得很嗨，不一会儿便吃了大半碗，再吃下去可能就会影响吃正餐了。于是我拿走了腰果，放在厨房里，但是朋友们都很高兴我这样做。

上述两个例子中的行为都是不符合经济人假设的。

按照经济人假设，不管是李先生花钱还是妻子花钱，他们作为整体，都支出了不菲的成本，按理说李先生应该感到心疼，不高兴。可是他很高兴，这是因为这里边包含了情感因素。

按照经济人假设，选择越多，最优解决方案带来的利益就越大，所谓“多多益善”，我拿走腰果，朋友们便没有了多吃的选择，但他们并没有反对我这么做。

网络上爆火的一个段子同样反驳了经济人假设的观点。

某网友在某公众号下边评论道：“本来想买件羽绒服的，但要花很多钱，然后再想想，买点感冒药才二十几块钱，还是买感冒药更划算一点儿。”

公众号作者回复道：“都是九年义务教育，你怎么这么精明？”

后来，某网友在朋友圈发文：“还是买羽绒服划算，相信我。”配图为在医院检查的图片。

当然，这只是一个网络段子，但网友的那句话“羽绒服很贵，感冒药才二十几块钱，买感冒药更划算一点儿”就是单纯从购物成本的角度分析出来的结果。但是，人们在做决策时绝不会只依靠数字和金钱，而要考量众多相关因素。

二、心理账户：这笔钱花得值不值？

2017 年，美国经济学家、芝加哥大学教授理查德·泰勒获得诺贝尔经济学奖，奖金为 900 万瑞典克朗，约合人民币 735 万元。理查德·泰勒是行为经济学的代表人物，他提出了心理账户这一概念。

理查德·泰勒认为，人不仅存在钱包这种实际账户，在头脑里还存在一种心理账户，会把现实中客观等价的支出或收益在心里划分到不同的账户中。

例如，勤劳致富账户（辛苦工作所得）、意外所得账户（彩票中奖，捡到钱）、奖励账户（年终奖金）、情感维系账户（谈感情的花销）、零钱账户（金额越小，越容易花出去）等。

我们或许在网络上看到过以下类似的新闻：

某男子彩票中奖千万元，但在中奖 5 年后因违法成为逃犯，被抓获时身上只有 80 元钱。

某男子开出租车为生，幸运地中了 2 000 多万新台币之后，挥金如土，后来只能靠临时工作勉强生活。

美国密苏里州某位彩票得主中奖 100 万美元，但很快被她挥霍一空，甚至还企图卖掉刚出生不久的外孙来还债。

为什么这些钱来得容易，去得也容易？

因为案例中的这些人把这些钱都放入了“意外所得账户”，对于他们来说，这些钱都是天上掉馅饼得来的，不费吹灰之力就算是挥霍掉也没有什么损失，所以才激发了自己的贪欲，刹不住车而自讨苦吃。相信他们在中彩票之前都有一些存款，而且十分珍惜，不到万不得已是不会乱花的。

再来看一个经典实验。

假设两种情境：

情境一：当你偶然路过体育场时，正好发现某明星要在这里开演唱会，目前正在出售门票。你比较喜欢 5 000 元价位的位置。当你打算掏出钱来购买门票时，意外发现自己的钱包不见了，里边正好就有 5 000 元钱。这时你是否会使用其他支付方式，例如手机银行、向朋友借钱等来购买演唱会门票？

情境二：你苦苦排队，终于花 5 000 元买到了某明星演唱会的门票，可是一不小心弄丢了，你是否还会花 5 000 元再买一张门票？

实验结果表明，在情境一中，88%的人会选择买票，12%的人选择不会买票；而在情境二中，只有 46%的人选择买票，54%的人选择不会买票。

为什么同样损失 5 000 元的绝对值，丢票和丢钱会有如此大的行为差异呢？

虽然损失的绝对数字是一样的，但两种情境下，人们的心理账户是不同的。情境一，人们认为丢失的 5 000 元钱和买票的 5 000 元钱不在同一个账户中，是两码事；而情境二，人们认为再花 5 000 元钱买票，相当于在同一账户中花了 10 000 元钱买一张票，价格高了一倍，不划算。

在传统的经济学理论中，每一元钱都是可以替代的，只要绝对量相同即可；而在心理账户中，人们对每一元钱并非一视同仁，而是根据不同的来源、消费的方向持不同的态度。

正因为存在心理账户，个体在做决策时容易违背一些简单的经济运算法则，做出非理性消费行为。

有人问理查德·泰勒：“你会不会像常人一样花掉诺贝尔经济学奖的奖金？”他回答道：“我会以最不理性的方式花掉奖金！”心理账户概念提出者的这一回答无疑非常简明地指出了非理性决策的普遍性。

三、自我控制：储蓄还是消费？

很多人都有这样的一个习惯，当自己要完成一件事时，先把这件事承诺给别人，以此来激励和监督自己更好地去完成这件事。比如，有的学者会向外界宣称，自己将在几个月后交出一份学术论文，以此来激励自己抓紧时间写，毕竟谁都不想在外人面前出丑。这些决策行为往往涉及到自我控制。

要想清楚地认识经济学中的自我控制，我们首先需要了解一下时间折扣和跨期选择两个概念。

下班后或者周末时光，你是用来放松身心，还是继续努力为未来投资？大概很多人会选择享受当下。这就涉及到经济学中的一个概念——时间折扣。

时间折扣是指当回报或惩罚距离现在很远时，对当前决定的影响很小。那些时间折扣高的人，会更多地把时间精力投入到现在。

我们可以看以下两种场景。

场景一：某商场年庆活动，你抽中了大奖，现在有两个选择，一是立刻拿走4 500元，二是一周后拿到5 000元，你会选择哪一个？

场景二：某商场年庆活动，你抽中大奖，现在有两个选择，一是一年后拿走4 500元，二是一年零一周后拿走5 000元，你会选择哪一个？

对于大部分人来说，在场景一他们会选择“立刻拿走4 500元”，在场景二则会选择“一年零一周后拿走5 000元”。这就是时间折扣的体现，因为要在未来一段时间才能获得收益，它的价值就大打折扣；而在场景二中，由于时间距离太远，一周的时间在人们的心中是分布不均匀的，一年后的一周远比当下的一周短得多。

时间折扣属于自我控制的一个概念，不仅与个体的心理特征相关，还会受到社会经济环境变化的直接影响，如利率变化、收入增加等。

时间折扣是人们在研究跨期选择时发现的一种现象。所谓跨期选择，是指消费者尽最大的努力，试图将目前消费与未来消费的组合带来最大效用。

当利率上升时，消费者当前消费的机会成本就会增加，因为消费得越多，失去的利息收入就越多，因此消费者会选择增加储蓄，减少消费，这是利率上升的替代效应。

但在另一方面，利率上升也就等于储蓄的实际财富增加，因此也会导致消费增加，因为利率上升后，消费者可以在储蓄更少的情况下达到未来既定的储蓄目标，比如为子女准备的出国留学款项，这也会促使消费者减少当前储蓄，增加当前消费，这是利率上升的收入效应。

由此可见，利率上升的替代效应会导致消费减少，储蓄增加；收入效应会导致消费增加，储蓄减少。因此，在利率上升后，当前消费是增加还是减少，就取决于替代效应和收入效应的大小了。

四、消费者眼中的公平与暴风雪后的雪铲

在消费者眼中，企业到底如何定价才算是公平定价？消费者价格公平感知到底对消费者市场有没有影响？

为了验证价格公平感知对消费者市场的影响，经济学家曾通过电话调查收集数据。他们调查了加拿大多伦多和温哥华大都市的市民，问了他们同一个问题：一家五金店卖的雪铲售价一直是 15 美元，在经过一夜的暴风雪之后，五金店却把价格提升到 20 美元。你认为这种行为是否公平？

结果显示，82%的受访者认为这种行为是不公平的。

消费者在判断企业的行为是否公平时会参考以下三个决定要素。

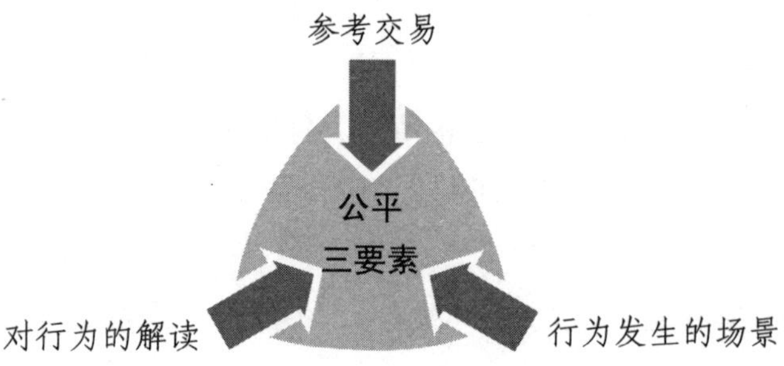

（一）参考交易

所谓参考交易，是指按照现行价格或工资发生的交易。如果企业设定的价格或者工资偏离了这一参考水平就被认为不公平。

例如，某员工现在月薪为 4 500 元，这就是他的参考工资，相较于辞退这名员工并以 4 000 元月薪招聘新员工，把现任员工的月薪降到 4 000 元被认为更不公平。

（二）对行为的解读

消费者在对价格的变动进行解读时，标价提高与降低折扣产生的感觉是不同的。比如，同样是一辆车涨价 3 000 元，如果是标价提高 3 000 元，消费者会认为价格更不公平，而如果是折扣降低了 3 000 元，消费者则认为比较公平。

这主要是因为消费者的损失厌恶心理，他们将标价提高看成是一种损失，而将折扣降低看成是收益的减少。

很多企业为了避免消费者对价格提升不满，往往将明涨变为暗涨。比如，包装袋里的食品重量减轻，包装袋的大小保持不变，价格保持不变。因为消费者一般将注意力放在价格上，对袋子里装了多少东西并不太在意。当然，这也并非欺诈消费者，因为包装袋上也明明白白地标注着商品称重，只是消费者自己不注意罢了。

（三）行为发生的场景

如果企业定价提升的原因是成本增加，那么消费者多半会表示理解，但如果因为市场势力增大而提价，消费者就会认为这是不公平的。垄断提价以及“暴风雪后的雪铲”案例中的涨价都是这一道理。

在如今移动互联网时代，信息查阅非常方便，企业的动态定价策略也受到了挑战。因为消费者与陌生人互相交流之后，发现自己支付的价格比其他人要高，但产品都相同，这就会让他感受到价格歧视。

电商平台存在的“大数据杀熟现象”令大家气愤不已，有网友称，他通过某旅行网站订了一家出差时常住的酒店，价格一直是在 380~400 元。到了淡季，他的账

号显示酒店价格还是380元，但通过他朋友的账号查询显示为300元。他认为自己被“大数据杀熟”了。

由于企业的这种差别化定价行为，消费者无疑会对此产生怀疑，感觉其行为极不公平。

五、人们为什么难以放弃“沉没成本”？

20世纪60年代，英法两国政府计划联合投资研发大型超音速客机——协和飞机。协和飞机的特点是机身大，装饰豪华，飞行速度特别快。

然而，这项研发计划可以说是一场赌博，因为研发成本过高，仅设计引擎的成本就高达数亿美元。项目刚开展不久，英法两国政府就感觉风险太大，因为这个项目不仅成本巨大，而且产品在设计生产出来之后市场前景也不明朗。但他们想，如果停止研发，之前的所有投资就都打了水漂。

他们一直在继续还是停止之间纠结，而项目也同时进行着。随着研发工作越来越深入，英法两国政府就更难以做出决策。最终，协和飞机终于成功出产。不过，协和飞机的缺陷太多，比如耗油量大、噪声大、污染严重等，而且日常运营成本也非常高，根本无法形成市场竞争力。最终，英法两国政府为此蒙受了巨大的经济损失。

可能有人会说，为什么不早点儿放弃呢？这些损失本来是可以避免的。道理大家都懂，可在实际生活中，人们更多的是陷入沉没成本谬误，即前期投入越大，后期的投入就会越多，越不想放弃。我们在决定是否做某件事的时候，除了考虑这件事情是否对我们有利，还会考虑之前在这件事情上投入了多少。

沉没成本是一种非常顽固的非理性心理。诺贝尔经济学奖获得者斯蒂格利茨曾通过一个生活中的小例子阐释了什么是沉没成本。

假如你花了30元钱买电影票，但在看电影途中就觉得电影一点儿都不好看，你会离开影院吗？在做出决定时，你应该忽视花出去的30元钱，因为那已经是沉没成本，不管你离不离开影院，你都无法收回。

我们在生活中遇到的这种事情也是数不胜数。

刘强有一份干了几年的工作，每天都是敷衍了事，毫无兴致，动力不足。但他不打算主动辞职。他不是害怕失去这份工作，而是不甘心，虽然自己选择错了，但当初也是怀着极大的热情来的，而且平日里有了通勤习惯，如果换工作，面临的问题会更多。

王梅和张天谈恋爱，但两人感情越来越淡，他们发现彼此并不合适。但他们两人都没有提出分手，因为他们觉得分手的代价太大，而且两人已经谈了很多年，付出了那么多，不甘心就这样放弃。

张泉在一家餐厅就餐，点好了菜品之后就一边玩手机一边等服务员上菜。可是，等了 30 分钟都没有上菜。张泉饥饿难耐，他看到旁边餐厅有了空位。这时候他仍然选择继续等，他心里想：“已经等了 30 分钟了，如果现在离开，我岂不是白等了 30 分钟？何况服务员应该马上就来了吧？”

由于损失厌恶心理的存在，我们经常纠结于过去的投入，于是陷在不断的投入漩涡中。

不要为打翻的牛奶哭泣。我们要想避免损失扩大，应该转变观念，理智地做出决策。

沉没成本虽然让我们损失很大，但若合理运用沉没成本效应，我们还可以从中获益良多。

如果我们想健身，为了增强自控力，不妨办理健身月卡，并且要用现金支付的方式。这样当我们看到实打实的现金花出去以后，我们就会心疼自己的钱，为了不让这些钱白花，我们就会投入精力去健身。

当我们买衣服时，假如对某件衣服非常满意，应该尽可能在店里多待会儿，反复挑选和试穿，不停和店主沟通。当店主觉得我们一定会购买他的衣服时，我们再讨价还价，然后表示对价格不满意，直接扭头就走。这时店主给我们优惠的可能性会大一些。因为店主已经花了很多精力与我们交谈，这就是他的沉没成本，他并不想白白损失掉这些花出去的精力和时间，于是便会想方设法达成交易。

如果我们是销售人员，当发现客户产生购买欲望之后，可以想办法收一些订金，不要太多，1 万元商品只收客户 500 元订金就行。即使客户回到家里时没有购买欲望了，他可能也会因为不想损失 500 元订金而咬牙买下不再想购买的商品。

其实人生就是一场断舍离，该断的时候应该当机立断。我们不能把沉没成本当做成本来看待，因为它并不影响我们未来的一切。

六、狭窄框架：不要因为短视型损失厌恶错过投资良机

抛一枚硬币，如果正面朝上，我给你200元；如果背面朝上，你给我100元。你想不想和我打这个赌？

由于大家心中都存在损失厌恶心理，获得200元所带来的喜悦无法弥补失去100元所带来的痛苦。因此，你几乎不可能和我打赌。但是，如果我们重复赌一百次呢？

由于正背面朝上的概率是相同的，如果打赌的次数足够多，最后的结果与期望收益无限接近。抛硬币100次，你获得200元的概率是50%，预期收益是10 000元，而失去100元的概率也是50%，预期损失为5 000元，结果为收益5 000元。总收益为负数的概率是极低的，所以你应该会毫不犹豫地接受打赌100次。

你可能已经发现了问题所在：为什么赌一次不愿意，而赌一百次就十分愿意呢？这之间的差别就在于你是把每一次赌局都单独看待，还是把赌一百次当成一个完整的赌局。如果你把每一次赌局都分开来看，面对50%的损失概率，即使回报的可能性再高也不愿意承受损失的风险。而如果你放眼全局，几乎不可能输钱，这种轻易到手的收益干吗不要呢？

这种把自己局限在狭窄框架里的谬误就被称为短视型损失厌恶。

理查德·泰勒曾通过一个实验性的问题验证了短视型损失厌恶的存在。

“假设有一个投资机会，盈利200万的概率为50%，亏损100万的概率也是50%。你是否选择投资？”

理查德·泰勒先问了某家企业的高管们，但在23位高管中，只有3人选择投资。

接着他又问了这家企业的CEO：“如果有23个独立的项目，每个项目有50%的概率盈利200万，也有50%的概率亏损100万，你愿意接受几个？”

CEO说他全部接受。因为在CEO看来，每个项目的期望收益是50万，23个项目的期望收益为1 150万，而所有项目都亏损的概率低于5%，当然要接受所有项目了。

为什么将这些项目分别派给23个独立的项目经理时，投资的只有3个？原因很简单，因为对这些独立的项目经理来说，项目成功才能给自己带来收益，而项目失败只能造成损失。既然造成损失的风险极高，就不值得冒险。正是独立项目经理人的狭窄框架淹没了企业整体的聚合效应，导致企业很有可能错过投资良机。

狭窄框架在投资领域的另一个例子是股票投资。如果让你选择，你是愿意投资低风险低回报的基金呢？还是高风险高回报的股票？如果只看一年回报率走势图的话，大部分会选择低风险低回报的基金，而看到30年的年均回报率走势图以后，人们就会把90%的钱投入股票中。

这说明对于高风险高回报的投资，重复能降低风险。长期坚持下去，什么都不做，便是这种投资的最佳策略。因为人们越是经常查看自己的投资收益，越容易看到自己的损失次数，受到短视型损失厌恶心理的影响，敏感性就提高了，很有可能因为无法承受压力和风险而退出。

七、前景理论：选择躲避还是勇往直前？

行为经济学强调，人们的行为不仅受到利益的驱使，还受到多种心理因素的影响。作为一个决策模型，前景理论便把心理学研究与经济学研究有效结合起来，揭示了个体在不确定性条件下的决策机制。

行为经济学家发现，人们在面对得失时的风险偏好行为不一致，也就是说，在面对“失”时，人们会变得更加敢于冒险；而面对“得”时，却更多地表现为规避风险。

前景理论指出，人们根据损失和收益的潜在价值做出决策，而不是最终结果。前景理论有以下五大原理。

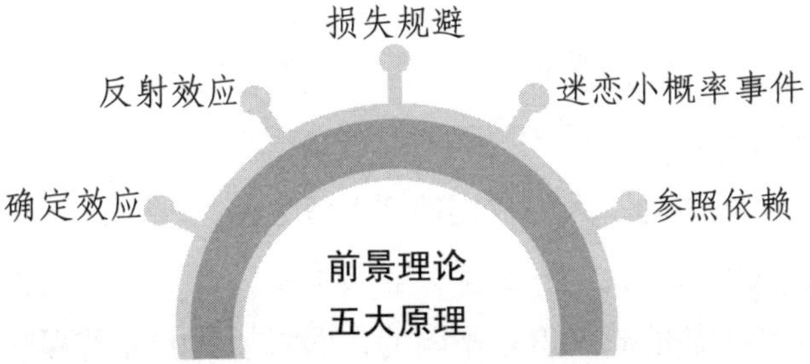

（一）确定效应

确定效应是指在确定的收益和“赌一把”更大的收益但风险也更高之间做出选择，大部分人会选择前者。俗话说得好，“见好就收”。

有这样一个实验：选项 A 为“稳赚 3 万元”，选项 B 为“80%可能赚 4 万元，20%可能一文不得”。你会选择哪个选项呢？实验结果显示，大部分人选择 A。

这个实验结果便是对“确定效应”的验证。当处于收益状态时，大部分人会表现得小心翼翼，见好就收，因为他们厌恶风险，害怕失去已有的收益。

在投资领域，确定效应同样存在。在投资时，多数人选择“赔则拖，赢必走”，也就是说，投资者有强烈的获利了结倾向，喜欢将正在赚钱的股票卖出，使自己安心地获得收益，不再担心风险。

（二）反射效应

反射效应和确定效应的前提不同，在做出选择时，不管选择哪一个都会有很大的损失风险。不过，选项一是“损失一定会发生”，选项二是“赌一把，赌输了损失比选项一更大”。在这两种选择中，大部分人会选择赌一把。

有这样一个实验：选项 A 为“一定会赔 3 万元”，选项 B 为“80%可能会赔 4 万，20%可能不赔。”你会选择哪个选项呢？实验结果显示，大部分人选择 B。这些人愿意放手一搏，万一自己是那 20%的幸运儿呢？

这就证明大部分人在处于亏损状态时会极不甘心，宁愿承受更大的风险来赌一把。反射效应也是非理性的，在股票投资领域，股民往往会继续持有下跌的股票，因为不愿意“割肉”而被“套牢”。

（三）损失厌恶

我们在前面已经多次提到损失厌恶，举个最简单的例子：你的工资涨 500 元和降低 500 元，你对哪种结果反应更强烈？答案很清楚，当我们工资涨了 500 元时，我们可能不会太激动，因为我们预期工资会涨，而且已经对涨工资见怪不怪了。但当工资减少时，我们内心里会非常难受，肯定会向主管问个明白。

人们对损失和收益的感知度是不同的，面对损失的痛苦程度，要远远大过获得同等价值的收益带来的快乐程度。

（四）迷恋小概率事件

什么是小概率事件？也就是很少会发生的事件。这种事件发生的概率极低，比如天上掉馅饼。

前景理论认为，人类具有强调小概率事件的倾向。例如，我们买彩票是打算抽中大奖，虽然这种可能性很小，但我们还是会一厢情愿地认为自己有这种运气；而我们买保险却是担心自己未来会发生意外，尽管未来发生意外事件的概率很低，但我们还是会担心，所以才会买保险规避风险。正是因为我们迷恋小概率事件，保险公司才能获得丰厚利润。

由此我们能够看出，在小概率事件面前，人们对待风险的态度是非常矛盾的：在涉及收益时，人们是厌恶并规避风险的；在涉及损失时，人们是喜好风险的。

（五）参照依赖

所谓参照依赖，是指损失和收益的感知是相对于参照点来获得的。

卡尼曼做过的一项调查实验非常鲜明地验证了这一理论。

假设你面对以下两种选择，在商品和服务价格相等的情况下，你会选择哪一个？A 是“其他同事年薪 6 万元，你年薪 7 万元”，B 是“其他同事年薪 9 万元，你年薪 8 万元”。

调查结果出人意料，因为大部分人选择 A。为什么相对于自己的年薪来说，A 比 B 少，人们还会选择 A 呢？因为这一假设存在“同事”这个因素，而我们与同事之间是存在竞争关系的，嫉妒和攀比现象非常多，根据参照依赖理论，我们对收益的感知并非基于单纯的数字，而是来自与同事的竞争，只要把同事比下去，那才是真正的收益。

八、后悔理论：为什么不卖下跌的股票？

世界上没有卖后悔药的，因此我们会千方百计避免做出令自己后悔的事情。但是，如果某件事真的让自己后悔了怎么办？那只能掩盖自己的想法，让自己看上去不那么后悔，或者及时止损，做出决策，让以后不再后悔。

后悔理论，顾名思义，是指人们在经济活动中经常出现后悔的心理状态。

不过，后悔的状态分为两种：一是“忽视的后悔”，是指因为没有听取意见去行动而产生的后悔心理；二是“行动的后悔”，是指因为听取意见采取行动，但结果差强人意而出现的后悔心理。因此，后悔理论中出现了一个观点：“行动不如不动。”

这是因为对于大部分人来说，“行动的后悔”所带来的心理痛苦远比“忽视的后悔”大得多，因此人们大多选择眼不见心不烦，做沙漠里藏头的鸵鸟，不愿意做出改变。

后悔理论多见于金融和股票市场，投资者经常出现后悔的心理。

在牛市背景下，由于没有找到最低的买入时机，或者因为过早卖出获利的股票，投资者会产生后悔心理。

在熊市下，由于没有及时止损，或者获得了一点小利而没能及时兑现，之后又被套牢，也会后悔。

自己的股票不涨不跌，但别人购买的股票一直疯涨，自己的内心就会产生“忽视的后悔”，后悔没有听取别人的建议换股。

为了防止出现后悔心理，人们就会不断地给自己打预防针，导致人们变得优柔寡断。即使出现错误，为了避免消极情绪，避免现在做出的行为导致未来再次出现后悔心理，人们就会选择忽视。这也是投资者在遇到股票下跌不卖出的原因，因为他害怕自己现在卖出股票，之后股票疯涨，自己还是会后悔。

其实，这种处理方式非常不理性，因为这与其说是在规避风险，不如说是在规避后悔。当然，后悔理论不仅存在于金融投资领域，在日常生活消费领域，后悔理论也同样存在。不过，这时后悔理论起到了积极的作用。

消费者在做出购买决策时，一定会考虑自己的决策未来会不会让自己后悔。正是因为消费者存在规避后悔的行为，所以他在做出选择时会非常小心谨慎，而不是在未获得详细情况时就匆忙做出决定，这会使消费者在未来获得更好的结果。

例如，当消费者购买生活必需品时，导购员推荐某种不知名品牌，价格比知名品牌便宜得多。但大多数消费者还

是会购买价格更高的知名品牌，毕竟知名品牌的质量高，已经使用多次，自己放心，而不知名品牌尽管价格便宜，但如果质量不好，不就等于花了冤枉钱了吗？

九、过度反应理论：非理性繁荣的形成

2018年7月2日，A股市场又一次出现大跌，亚太股市也出现同样的情况，欧洲股市全线低开。北京时间21:30开盘的美国三大股指都低开0.7%左右。随着全球一体化经济的发展，资本市场已经形成全球联动趋势。然而，各国股市应该依托本国实体经济走出困境。

其实，A股市场此时的大跌属于非理性现象，是对国际经济形势的过度反应。对于A股市场来说，我们有着稳中向好的宏观经济运行基础，市场环境一步步地获得净化，市场整体估值已趋于历史低点，上市公司的业绩稳中有升，投资者回报越来越高，外资入市规模不断攀升。所有这些现象都足以支撑A股稳健运行。

因此，A股市场的投资者要理性客观地认清国内外经济形势，对国内经济和资本市场的发展抱有信心，坚持价值投资、理性投资和长期投资。

案例中提到的过度反应是指投资者对亏损的股票会越来越悲观，而对于获利的股票则越来越乐观，与此同时，他们会对利空和利好消息表现出过度反应。

非理性是人类根深蒂固的人性缺点，股市这样一个特殊的市场无疑放大了人类的这种缺点，这才使得股市的价格围绕价值上下过度波动，价格和价值趋于相等的时间少之又少。

按道理来说，股市应是实体经济的反映，但价格过高或过低都不能真实反映出实际的实体经济，而是沦为投资者的数字狂欢。就像著名的“郁金香泡沫”一样，郁金香只是一朵花，有观赏价值，但人类非要赋予它投资属性，这已经大大超出它本身的观赏价值。尽管初期会很繁荣，似乎郁金香很吃香，然而最后收获的却只是一地鸡毛。这便是人性的疯狂铸就的非理性繁荣，在泡沫破灭之后食用的苦果。

过度反应是市场暴涨或暴跌的根源。

在市场繁荣的时候，投资者获得收益的可能性很高，每次赚钱都会受到鼓

舞，于是越来越自信，对市场上的利好行情出现误读，而忽视存在的利空消息。投资者会将更多的钱投入到股市中，股市会不断上涨，直至严重脱离实际，远超公司的实际价值。

在市场下跌的时候，由于投资者不断亏损，对未来会表现得越来越悲观，导致整个市场行情出现低迷状态，对于市场上出现的利好消息也反应迟钝，于是很多投资者纷纷割肉止损，使股市下跌到令人无法承受的地步。

在生活中我们也感受到了人们的非理性过度反应，最近几年大热的共享经济，尤其是共享单车，在一开始火热起来时，五花八门的单车品牌如雨后春笋般在市场上涌现出来，但仅仅过了一两年，共享单车经济又疯狂下行，众多企业纷纷退场，行业盛衰周期被大大缩短，留下一地鸡毛。

巴菲特有一句名言："在别人贪婪的时候恐惧，在别人恐惧的时候贪婪。"这句话非常生动地阐述了如何运用过度反应赚钱，即"人争我给，人弃我取。"

也就是说，我们虽然没有办法判断股市的最低点或最高点，但我们可以判断阶段性的高点或低点。如果是经验较少的投资者，可以采用逐步布局和逐步退出的方法。

当周围人都在投资某类股票或资产时，我们就要选择离开了，因为这时市场的火热证明未来股市价格远超实际价值的风险很大，及时离开可以及时止损；当处于资本寒冬时，身边人都逐步退出股市，对未来经济行情十分担忧，此时市场下行几乎见底了，我们可以逐步布局，当未来市场上涨时，我们会获得不错的收益，当然，我们必须有足够的闲钱和耐心做基础。

十、过度自信理论：你的信心从何而来?

经济学家丹尼尔·卡尼曼曾说过："如果我有一根魔法棒，我最希望消除掉的是什么呢？过度自信。"

过度自信理论认为，人是过度自信的，尤其是对自己的知识准确性产生过度自信，总是系统性地低估某类信息并高估其他信息。换句话说，人们总是过度相信自己的判断能力，高估自己成功的几率和获得信息的准确性。比如，创业者总觉得自己的项目是最好的，自己的公司成功概率最高；投资者总觉得自己选择的股票最具有上涨潜力。

创业风险很大，其实大多数新公司会以失败收场。研究者曾对 2 994 个新公司进行调查，询问公司创始人，他们认为自己创业成功的概率有多大。调查结果显示，大概有 70%的受访者认为自己能够创业成功，但涉及评估其他创业者的成功概率时，只有 39%的受访者认为能够成功。

为什么大部分创业者认为自己的成功概率会是其他创业者的近两倍呢？就是因为他们过度自信。

心理学研究表明，人们在自我能力认知方面存在自我崇拜的偏见和误区。当成功时，人们往往会觉得这是因为自己能力很强；当遭遇失败时，人们又会把原因全部归于运气、环境和他人。

丹尼尔·卡尼曼指出，过度自信的倾向在投资者群体中表现得非常强烈。投资者往往会夸大自己的能力，而忽视自身的机会和运气等因素。他们经常会高估自己的知识水平，而低估风险，认为自己能够控制事态发展。

那么，人们为什么会产生过度自信的心理呢？过度自信的成因有哪些？

（一）知识幻觉

所谓知识幻觉，是指人们在信息量不断增加之后，对某种信息的了解会逐渐加深，从而改变决策。之所以会出现知识幻觉，主要是因为资讯过多以及规律情结。

人们总以为资讯越多越好，其实资讯过多对投资者来说并无帮助，有时反而是一种干扰。尤其是近些年互联网资讯的泛滥，网上投资方式的兴起，更加助长了投资者的过度自信。网上存在大量的市场实时消息以及个别股票技术分析，让投资者产生了知识量激增的幻觉，以为自己预测市场准确度的能力不断增强，因此产生了过度自信。

规律情结是指人类具有表征直觉推理特点，从数据的表面特征，通过直觉推断出其内在规律。其实，无序的数字几乎没有规律可言，我们推断出来的规律也只能是谬误，只会带来认知和判断的偏差。

（二）控制幻觉

赌客在投掷骰子时，如果想要大点，通常会用力摇晃色盅；如果想要小点，通常就会轻晃色盅。赌客的这种行为就属于控制幻觉。

当某人拥有绝对权力或者资源的控制力时，会错误地以为自己对事情的发展方向同样拥有控制力。

专业投资机构的投资者便面临这一心理问题。他们在多次的失败经验中，逐渐找到了盈利模式，便以为自己掌握了股市规律，对自己掌握的知识过于自信，从而高估了自己对股市的控制能力。

另一方面，投资者在网上便可以掌握股票的投资组合情况，利用鼠标或手机便可以轻松下单，这也是导致他们产生控制幻觉的原因，从而进一步增加其自信度。于是，这些过度自信的投资者会频繁交易。

（三）证实偏见

证实偏见，也叫自我肯定偏向，是指只为自己的观点找理由，只关注和自己的观点相符合的证据，而不收集、关注和接受与自己的观点不一致的证据，这也是因为过度自信。

例如，当我们购买了房屋之后，我们肯定希望房价继续上涨，使自己的房子升值，这时我们更为关注的就是土地供应的有限性、城市化的推进会继续提供房屋需求等有利信息，而对房价上涨不利的证据则全部忽视。如果房价真的继续上涨，我们就会继续强化这一认知。

（四）生理原因

当人们受到强烈的情感刺激后，身体内会分泌肾上腺素，从而使人感到兴奋、高兴，导致过度自信。比如，当我们投资成功之后，兴奋感会让我们飘飘然，觉得自己无所不能，忽视了未来的困难，从而草率地做出错误的决策。

为了避免出现过度自信，我们有必要迭代认知，跨学科学习，建构系统的知识结构，同时要一直保持谦虚之心和对市场环境的敬畏之心，并在做出行动之前学会逆向思考，不仅思考事情好的一面，也要思考坏的一面，从而最大化看清问题的全貌，提前做好准备应对困难。

第十章

经济学中的消费规律——消费经济学研究

消费者在经济活动中占据着十分重要的位置，庞大的消费群体能够拉动内需，激活经济。有消费者就有销售者，在经济活动中，两者经常“斗智斗勇”，展开十分活跃的互动。消费者想要少花钱，而销售者想要多收钱，在消费经济学领域，两者的博弈颇具戏剧性。我们要掌握消费经济学，灵活运用这类知识，让自己减少成本，从而获得更多的收益。那么，对于消费经济学，我们到底要掌握哪些知识呢？

一、消费者偏好：人们为什么会这样选择商品？

消费者偏好是指消费者对某种商品或商品组合的喜好程度。消费者在面对可供其消费的商品或者商品组合时，会依据自己的喜好程度为这些商品排序，反映了自己的个人需要和兴趣嗜好。

一般情况下，如果保持其他因素不变，消费者对某种商品的偏好程度越高，对其需求量也就越高。

常见的消费者偏好有以下几种。

（一）习惯

由于消费者经常消费某种商品或者采取某种消费方式，使其消费心理产生定向，在消费行为方式上有了一定程度的定型化。这种偏好在每位消费者身上都有所体现，只是习惯的方面以及程度不同而已。

（二）方便

有的消费者将方便与否作为是否选择消费品的第一标准，这样做就是为了在生活中能够节约时间，提高效率。

（三）求名

消费者根据消费品的名气来决定是否选择。这样的消费者在购买消费品时首先要求商品是名牌，只要是名牌，哪怕多投入一些资金也可以。之所以选择名牌，可能是基于对名牌商品质量的信任或者内心对名牌商品的虚荣心。

然而，消费者偏好的细分种类数不胜数，绝不仅限于以上三种，如个性化、体验感、交互感、多元化等偏好细分。

据报道，2018 年 11 月某电商榜单报告指出：一人分量的商品正不断出现在爆款商品中，比如迷你微波炉，其销量增加将近十倍；迷你洗衣机的销量增加了 6 倍；一人火锅销量增加了 2 倍……这些日常细节正在悄然映射出“单身经济”的崛起。

由于现在的年轻人个性独立，爱情观也与以往不同，他们不因单身而降低生活品质，即使是一个人也要活出自己的风采。“单身经济”的兴起满足了消费者差异化、精细化的需求。

与非单身群体相比，单身群体一般有更多的可支配收入，能够相对自由地把花销投入到自己身上。他们的爱好更多元化，喜欢追求新奇和刺激，更在乎愉悦感官，消费内容也日益多样化，反映了更精细化、个性化的消费偏好。因此，商家要为消费者提供更精致、周全的商品，从而推动单身群体的消费升级。

消费者的消费偏好并不是一成不变的，而是随着社会的发展产生相应的变化，追求新的消费方式。企业或商家要想抓住机会，抢占先机，就需要牢牢把握住当下消费者的消费行为偏好，从而针对性地为其提供合适的商品或服务。

二、信息不对称：买的没有卖的精

在市场经济活动中，各类人员对有关信息的了解充分度是不同的。通常掌握信息比较充分的人员更能占据有利地位，而掌握信息匮乏的人员则处于不利地位。掌握信息更为充分的一方可以通过向另一方传递可靠信息而获益。这就是信息不对称理论，即所谓的“买的没有卖的精”。

古语云：“金玉其外，败絮其中。”这句话是指商人卖的货物表里不一，由此比喻某些人徒有其表。正是由于很多商品“表里不一”，内外有别，消费者无法从表面判断其真正价值，这就造成了信息不对称现象。因为消费者不清楚，而商家清楚，消费者就有可能被商家欺骗，以高价买回低质产品。

一个人掌握的信息量达到何种程度，就会采取与之相应的选择。在双方信息不对称的情况下，谁处于信息的劣势，谁就处于博弈的劣势。

在生活中，很多人会因为听信虚假广告而上当受骗。我们有时会指责受骗者眼光不高，脑子糊涂，一时冲动做了后悔的事，其实这也是信息不对称的缘故。那些“神奇”的医药广告都宣称专治某种疾病，并打着医疗专家的幌子，患者在渴望治愈的急切心情中，往往缺乏对相关医疗知识的了解，掌握的信息不够充分，只能根据现有的信息做出选择，在信息不对称的情况下就容易听信虚假广告。

在市场经济环境中，信息不对称现象无处不在。消费者一般更愿意购买那些花巨资做广告的产品，这是因为做广告的产品为消费者提供了更多信息，更

容易被消费者接受。而那些不做广告的产品，消费者了解非常少，出于对信息不对称的担忧，消费者不会轻易接受这类产品。

信息不对称现象导致市场出现逆向选择，即劣币驱逐良币。

如果你想购买一辆二手车，此时市场上有两类车，一类车价值 20 万元，另一类车价值 10 万元。由于你不了解如何区分这两类车，只知道每一类都有 50%的可能性，但是卖车的人是知道的。如果问你，你愿意花多少钱购买这辆车？

你一算，平均价值是 15 万元，可能会提出花 15 万元买这辆车。但当卖家同意以 15 万元的价格卖这辆车时，你愿意买吗？你肯定不愿意了，因为卖家可能会把 10 万元的那类车卖给你。这样一来，因为无法分辨车的好坏，你会一律支付 10 万元，那样好车就会被挤出二手车市场，只留下 10 万元的车辆。

很多人会说，现在都到了互联网时代，网上二手车交易更为方便，而且消费者可以在网上查找到各类相关信息，应该不会上当受骗了。其实这种想法是错误的，互联网时代，信息不对称现象仍然存在。

尽管互联网二手车交易省去了很多环节，方便了买卖双方，但随着交易逐渐增多，渐渐暴露出越来越多的问题，交易时存在的很多猫腻让消费者在不知不觉间受到利益上的伤害。

某市民刘先生在某二手车交易平台看中一款车，觉得价格合理，于是就很痛快地支付购买了。但过了不久，他在给车做保养时才发现这辆车存在很多问题，比如这辆车之前出过交通事故，左侧前门更换过，甚至连公里数都做过调整。刘先生觉得自己上当受骗了，便马上联系二手车平台要求退款，结果二手车平台对他说："该车使用时间过长，拒绝退款。"

之所以会出现以上问题，是因为二手车的检测都是由平台自己进行，平台在网站上宣称的"经过上百项检测"根本无法得到证实，而且并没有权威的第三方检测机构进行认证。

不仅如此，消费者在购买车辆后可能会存在无法过户的情况，或者在购买过程中遭遇诈骗，甚至买到套牌车。二手车平台监管机制本身不健全，消费者在遇到问题之后也无法有效维权。

某专家表示，"买卖双方严重的信息不对称是导致二手车平台出现如此多猫腻的重要原因。"消费者在线上并没有获得很多可以判断二手车质量的信息，而且有的信息还难辨真伪。但商家知道二手车质量的所有信息，便可以选择隐瞒或者故意编造信息，以便于将二手车尽快出手，牟取利益。

要想避免信息不对称以及逆向选择的发生，就必须掌握真实可靠的信息。对于企业或者个人而言，在传播信息时应该秉承真实有效的原则，虚假信息只能获得一时的利益，不会长久立足。另外，随着社会经济制度的不断完善，逐渐减少短期投机现象，促进长久合作，发挥诚信的效力，将更有力地消除信息不对称对市场的危害。

三、收入效应与替代效应：神奇的吉芬商品

价格影响需求，这是绝大多数人共知的经济学道理。在货币收入不变的情况下，某种商品价格发生变化，其需求量也会发生相应的变化。价格影响需求体现在两个方面：收入效应和替代效应。

（一）收入效应

收入效应是指商品价格变化时，消费者实际收入变化所引起的商品消费量变化。当商品价格上升时，消费者货币收入不变，就意味着消费者的实际收入相对于商品价格上升在减少，降低了购买力，所以需求量和消费量就减少了；反之，则表明消费者的实际收入在上升，购买力增强，所以需求量和消费量就增加了。

（二）替代效应

替代效应是指在实际收入不变的情况下，某种商品价格上涨而引起的其他商品取代这种商品的现象。比如，当消费者去市场买水果时，发现橙子的价格上涨，而苹果的价格不变，那么相对于橙子而言，苹果的价格在下降，消费者就会用苹果来代替橙子，减少对橙子的需求。

在实际生活中，有相近替代品的商品往往富有需求弹性，因为消费者很容易从这种商品转向其他商品。

2018 年 11 月份，油价开始直线下调，出现油价 3 连跌，这可能会引发替代效应。油价下跌会使部分企业以及消费者更注重选择原油作为燃料，减少对太阳能、

氢燃料等新能源的使用。在以前人们选择太阳能、氢能源等新能源作为燃料，主要是考虑其成本比较低。当油价持续下跌时，前者的价格优势不再明显，就会被分流很多使用者。

新能源企业在技术和盈利模式等方面仍然不太成熟，整体来看比较脆弱，在油价持续下跌的状态下，其将面临更加严峻的竞争形势。

一种商品价格变动所引起的该商品需求量变动的总效用可以被分解为收入效应和替代效应两部分。收入效应表示消费者的效用水平发生变化，而替代效应并不改变消费者的效用水平。

收入效应和替代效应可以解释几乎所有需求现象，但吉芬反论的出现在逻辑上否决了需求定律。

吉芬反论又被称为吉芬之谜，是指商品的需求量与价格成正向关系的一种状况。此时，商品价格的替代效应不足以抵消收入效应。

19 世纪英国学者罗伯特·吉芬在爱尔兰观察到一个现象：当土豆价格上涨时，人们反而消费更多土豆。这便是吉芬反论的来源，而土豆这类商品便被称为吉芬商品。土豆价格上涨，需求量反而上升，是因为消费者的收入较低，没有其他替代食品，也就是说，消费者因为收入限制，只好采购土豆。当土豆价格上涨时，为了减少未来损失，他们只好抢购土豆。

不仅是在经济萧条时期，在如今的日常生活中，吉芬商品也是存在的。

旅游景点的门票价格在逢年过节时一定会大幅度增长，但是前往景区参观游览的游客依然络绎不绝，但是消费者并不能从中获得更大的效益。一旦到了景点游览的淡季，景点附近的住宿费和门票价格都便宜了很多，但还是很少有人来游览。对此我们可以对自己的旅行做出合理规划，避开旅游高峰期游玩，这样既能节省费用，还能更轻松地享受景色。

四、阿尔钦-艾伦定理：为什么在原产地买不到优质品？

如果将相同的附加成本加在两个相似的商品价格上，消费者会增加对优质商品的相对消费量。因此，优质商品很可能被出口，而在原产地便不容易买到优质品。

这便是阿尔钦-艾伦定理，其来源于阿尔钦和艾伦对一位消费者写给《西雅图时报》的信件的回答。

美国一位消费者曾向《西雅图时报》写信抱怨："为什么当地市场上的华盛顿苹果又小又难看呢？最近几位采摘苹果的朋友带给我几个苹果，这些苹果比市场上看到的苹果几乎大 3 倍。这些又大又圆的好苹果都到哪儿去了？是被运到欧洲或中东地区了吗？那在西雅图还能买得到吗？"

阿尔钦和艾伦特意对这一事件做出了解答："这一现象是华盛顿大学经济系的课堂上或者考试中经常遇到的一个问题，在实际生活中也经常会遇到这种情况。我们假设在当地买一个好苹果要花 10 分钱，而次等苹果花 5 分钱。也就是说，吃一个好苹果的花费相当于吃两个次等苹果的花费，也可以说一个好苹果'值'两个次等苹果，两个好苹果'值'四个次等苹果。"

"假设一个苹果运到中东的运费是 5 分钱，于是在中东，一个好苹果就需要花 15 分钱，而次等苹果花 10 分钱，这时两个好苹果'值'三个次等苹果，而不是四个次等苹果。相对而言，好苹果变得更便宜了，因此中东地区的消费者关于好苹果的需求量便会上升。"

阿尔钦-艾伦定理在很多市场上都能看到，比如意大利的皮革制品、法国的葡萄酒、得克萨斯州的牛肉、哥伦比亚的咖啡等。

在中国不少城市，由于牌照限购，要想获得牌照，只能通过摇号或者竞拍等方式。一般来说，人们会选择摇号购买牌照。摇到号就买，摇不到就不买。但是竞拍就等于给买车增加了成本，而且各个城市的牌照价格逐渐升高，无疑加大了购车者的经济压力。

假设两辆车原价分别为 10 万元和 20 万元，价值比例为 1∶2，但通过竞拍早点儿拿到牌照就要多花 5 万元，那么两辆车的价格就等于变成了 15 万元和 25 万元，价值比例为 1∶1.6，高价格的车在性价比上更划算，因此购买高价格车辆的消费者就变得越来越多了。

五、非理性消费：不买难受，买了后悔

2018 年双十一狂欢节，天猫交易额达到 2 135 亿元。然而，经过这一天的抢购奋战，北方人成了“北大荒”，有钱的南方人也成了没钱的南方人。在经历过冲动购物后，尤其是在双十一凌晨购物的人们，纷纷清醒过来，自责不该清空购物车。于是，淘宝在第二天居然上了热搜，因为大家开始纷纷申请退款，退款人数难以想象，以至于淘宝的退款系统一度崩溃。

人是脆弱的，在面临诱惑时常常无法保持理性，会在冲动之下购买许多不必要的商品，造成钱财的浪费。

例如，一位月薪 3 000 元的文员，身上穿的西装却价值上千元；本来只打算出门买包口香糖，可能会拎回一大袋零食。这些都是典型的非理性消费。

非理性消费又被称为冲动消费，是指消费者在外界因素刺激下而进行的事先没有计划或者无意识的购买行为。非理性消费在整个消费市场中所占的比重非常大，至少有一半以上的消费行为属于冲动消费或接近冲动消费。

冲动消费主要分为以下三种类型。

（一）纯冲动型消费

纯冲动型消费是指消费者事先根本没有购买欲望，也没有经过正常的消费决策过程，而是临时决定购买，属于一时兴起，心血来潮，也有可能只是图新鲜，求变化。

（二）刺激冲动型消费

刺激冲动型消费是指消费者在见到产品或者广告宣传以及营业推广时，心中早已存在的购物需求被激起，从而产生了购买欲望，一般是购物现场刺激的结果。

（三）计划冲动型消费

计划冲动型消费是指消费者虽然具有购买需求，但没有确定购买的地点或时间。比如，消费者喜欢买便宜货，当看到电商网站打折的消息后，尽管没有具体的购物清单，还是决定购买一些商品。

那么，冲动消费的影响因素有哪些呢？

商品因素

冲动消费一般发生在日用品等价值低、需频繁购买的商品上，消费者对这些商品很熟悉，花费也不多，又是必需开支，所以冲动购买力很强。

经济因素

收入水平提高，对食品、日用品等生活必需品的购买风险意识降低。

环境因素

灯光和音乐是购物商场刺激消费者消费的惯用方法。明快的灯光和欢快的音乐能够增加消费者的消费热情，增强购买冲动。

消费者特征

消费者的性格特征也是重要因素。冲动型性格的人对商品的外观考虑较多，对新产品有浓厚的兴趣，容易受到广告宣传的影响。

不得不说，很多时候购物确实会给人带来短期的极度愉悦心情，但购物的新鲜劲儿一过，商品的本身价值带来的利益能有多少呢？只要想明白了这个问题，一切就都好办了。

六、棘轮效应：由俭入奢易，由奢入俭难

宋代大政治家司马光在给儿子司马康写的家书《训俭示康》中说道：“由俭入奢易，由奢入俭难。”这句话十分形象地阐述了棘轮效应的含义。

所谓棘轮效应，是指人的消费习惯在形成之后具有不可逆性，向上调整容易，而向下调整就困难得多。尤其是在短期内的消费是不可逆的，受习惯影响较大。人们的消费取决于过去的收入高峰，收入增加了，消费就上升了，而收入减少时却没有减少消费。

例如，某老板生意失败，把公司资产和名下房产变卖以后，还欠银行20万元。但为了出行方便，他并没有用自己的高档汽车抵债。老板在高档汽车上的消费已经成为习惯，虽然负债，他仍然保持着之前开高档汽车的习惯，也不愿意变卖还债，降低自己的生活标准。这就是棘轮效应的典型体现。

棘轮效应反映了人的本性，即“饥而欲食，寒而欲暖”，人一旦有了欲望就

会想尽办法来满足自己。

美国国家经济研究局做过的一项调查显示，近20年来，欧洲彩票头奖得主在中奖5年后大多会因为挥霍奢侈而穷困潦倒，而彩票中奖者的整体破产率每年高达75%。

人们在暴富尤其是中奖之后，心理账户会将其归为“意外财富”，挥霍起来从不心疼，从而养成了挥霍的习惯。正是由于棘轮效应的作用，这类消费者在花光奖金之后并没有改变大手大脚的习惯，习惯了富裕，不想再回到贫穷的状态，于是便借债度日，加重了自己的经济危机。

不知道你发现没有，工资不断上涨，但很多人依旧是“月光族”。这些消费者的抱怨有不少，比如“我也不知道钱都花哪儿去了”“没存下多少钱”等。这也是受到棘轮效应的影响发生的。因为社会上攀比的风气，在与同事相处过程中，或多或少会受到他们的消费影响，一旦自己养成了花钱无节制的习惯，再想节约就变得很难了，有时尽管没多少余额，也会咬咬牙用信用卡预支消费。

在面对孩子的教育问题时，棘轮效应也是一件十分头疼的事。

刘强的儿子5岁，刚上幼儿园中班。这学期，刘强和妻子花了好大力气，终于把他换到了公认的高星级幼儿园。刚开始的时候，儿子上学非常开心。可是过了没几天，孩子向他们提出了要求：“我要一双毛毛虫鞋，不然不去幼儿园！”刘强问清缘由，原来是班级里的好多小朋友都在穿，他也想要一双。

刘强觉得儿子也有自己的生活圈子，要想融入圈子，当然要满足儿子的要求。于是他便在网上为儿子买了一双毛毛虫鞋。穿上新鞋后，孩子高高兴兴地去了幼儿园。可高兴劲儿没持续几天，儿子又哭哭啼啼地回来了，说不穿这双鞋了，刘强怎么哄都没用。

最后，通过刘强妻子慢慢询问才得知，儿子穿着新鞋子找朋友玩时，朋友告诉他，他穿的不是正宗名牌，是冒牌的鞋子。儿子的自尊心深受打击，于是再也不想穿这双仿冒的毛毛虫鞋了。

这些孩子的消费观就深受棘轮效应的影响，一旦拥有了自己的名牌鞋子，就再也不想接受普通的鞋子了，而刘强儿子的幼儿园伙伴们早已习惯穿名牌鞋子，在他们的眼中，他们比较的只是哪个名牌的鞋子更好。于是，孩子的消费欲望不断膨胀，不断往上走，很难再往下降。

其实，棘轮效应不仅影响个人的消费水平，同时也影响着社会的经济发展状况。

石油价格上涨导致成品油价格大幅上涨，出租车打车价格也出现上涨。广州增加了一元钱的特别附加费，北京则将单价从 1.2 元/公里和 1.6 元/公里统一为 2 元/公里，然而，国际油价下调之后，这些价格并没有相应下调。

房价也形成了棘轮效应，上涨容易下跌难。尽管房价上涨导致人们怨声载道，但如果涨上去再快速跌下来，将引发严重的经济问题。就经济稳定来说，房价应平稳发展，但绝对不能暴跌，否则就有可能引发严重的经济危机。

七、广告效应与名人效应：产品宣传的捷径

广告效应是指广告作品通过媒体传播之后所引起的影响。随着市场经济的迅速发展，广告营销在企业营销战略中的重要性越来越大。

仔细留意一下就会发现，现在广告真是无处不在，在商场购物时，在街边闲逛时，打开电视或者去电影院观赏电影时，上网浏览信息时，无时无刻不能看到广告信息。

企业通过展示或播放广告，向消费者宣传推广产品，可以促进消费者直接购买，从而扩大产品的销量，提升企业知名度和美誉度。

在广告营销中，名人代言可谓是一股强大的推动力，就像是一根杠杆，轻易撬动千万资产的商业利益。所谓名人效应，是指名人出现后达到的引人注意、强化事物以及扩大影响的效应或者人们模仿名人的心理现象的统称。可以这么说，名人效应就如同品牌效应，可以带动人群消费，产生如追星族一般的强大影响力。

名人效应可谓自古有之，据《史记·司马相如列传》记载，当年大才子司马相如与当时 17 岁的卓文君私奔后，为了度日，他们在四川临邛开了一家小酒舍。司马相如洗盘子，卓文君则站到酒舍前的酒坛旁边招揽生意，正所谓“文君当垆，相如涤器”，这一典故就是由此而来。

尽管“文君当垆”在当时并非为企业代言，但确实是出名的女明星参与商业活动，吸引消费者的典型案例，就跟现代的女明星为某一品牌商品站台类似。

当然，名人效应不仅在中国存在，世界各地都是如此。

美国媒体公布的NBA球员代言商业广告排名中，科比、詹姆斯和纳什分别位列前三名。他们能取得这样的成绩，主要取决于他们在比赛中出色的表现和受球迷欢迎的程度。他们三人总共捧走了6个常规赛MVP奖杯，使他们成为商业广告最受追捧的球星。他们与三大MVP联手拍摄了一百多个电视商业广告，成了当今NBA最火的代言球星。

不过，虽然名人效应可以扩大产品知名度，但要想长久经营下去，维系之道还是要靠产品的质量和实惠的价格。

著名主持人孟非曾开过面馆，按理来说，吃面的人还是不少的，只要认真经营，以孟非的人气，这家店的营业额肯定很高。在刚开店的时候，确实有不少网友前去捧场，但后来去店里吃面的人越来越少。

被问到原因时，很多网友回答道："性价比低，不实惠。"有的网友甚至在网上晒出了价格表，最便宜的一碗重庆小面要将近30元，一碗普通的面吃出了大餐的价格。

现在一碗面的均价不过20元左右，配料简单的也就只有10元，而在孟非店里，一碗面却高出市场价那么多。这让很多网友表示，名人效应也不怎么好使了。

八、差别定价：航空公司为什么提供不同价位的机票?

差别定价也叫弹性定价，是指企业用两种或多种价格来销售一种产品或服务，价格差异并非来自于成本差异。换句话说，企业根据消费者支付的意愿来制定不同的价格，满足不同消费层次的要求，目的在于建立基本需求，缓和需求波动，刺激消费。

假设一筐苹果有50千克，其中有又大又圆、品相非常好的，也有特别小、出现缺烂的苹果。如果所有苹果都按2元每千克来卖，那么其中的好苹果都会被顾客挑完，剩下的烂苹果肯定无人问津，只能扔掉，这样一筐苹果只能卖七八十元。

换一种卖法，挑出品相好的苹果，定价4元每千克，再挑出次等一些的，定价3元每千克，最普通的卖2元每千克，特别小的苹果卖1元每千克，而出现缺烂的苹果卖0.5元每千克。这样一来，50千克的苹果按照多等级的价格售出，总收入一定会超过之前统一价格的销售额。

与卖一筐苹果相类似，航空公司对机票进行不同定价也是依据这一原理。

十一黄金周，三位乘客同坐经济舱从北京飞往上海。他们在闲聊时发现，各自的机票价格都不相同。乘客A去上海旅游，在旅行社订的机票，票价为450元；乘客B提前一周在航空公司订的机票，票价为520元；乘客C是因为有急事，匆忙在机场买的机票，票价为700元。

航空公司正是运用差别定价的方法实现了利润最大化。

乘客A去上海旅游，去的时间和方式比较灵活，机票需求弹性大。他在旅行社订票，而由于旅行社与航空公司有长期合作，购买数量大，所以他能买到价格比较低的打折机票。

乘客B提前订票，给航空公司留出了做飞行安排的时间，航空公司也会给出合理折扣。

乘客C因为有急事，需求弹性小，无论是否有优惠都会买票，所以机票没有折扣，价格高。

需求也是企业决定价格的考虑因素。最常见的差别定价是根据需求的价格弹性的不同来划分消费者或市场。需求价格弹性大的市场，价格就会定得低一些；需求价格弹性小的市场，价格就会定得高一些。

九、捆绑销售："买一送一"真的更便宜?

对于消费者来说，免费获得产品是最好的结果。因此，"买一送一"与"打五折"相比就更有吸引力。"买一送一"便是捆绑销售的典型体现。

捆绑销售又叫附带条件销售，是指消费者在购买产品或服务时必须同时购买另一种产品或服务。捆绑销售属于共生营销的一种形式，一般是两个或两个以上的公司在促销时进行合作，进行跨品牌、跨行业营销。

捆绑销售的好处在于，多种商品的组合定价能够使消费者难以进行价格比较和成本核算。比如，当消费者想要购买一件衬衣时，两家店售卖的衬衣材质相似，消费者会如何选呢？肯定是比较两家店的衬衣价格，哪家店的价格较低就买哪家的衬衣。

于是，商家为了避免消费者将单个商品进行价格对比，便将衬衣与能够搭配在一起的腰带或者衬衣清洁剂捆绑销售。这时便可以将衬衣的价格打折，而其他商品的价格保持不变，或者制定不同价位的套餐，供消费者任意挑选。于是，消费者对比价格的难度上升，这时再通过其他促销活动便可以使消费者产生满意化心理。

要想达到最佳效果，商家在进行捆绑销售时要抓住产品组合的重心，并不是所有的产品或服务都能随意地捆绑在一起。两种商品首先要相互协调或者相互促进，并且还要制定出正确的捆绑策略。一般来说，捆绑销售主要分为同类型产品捆绑和互补性产品捆绑。

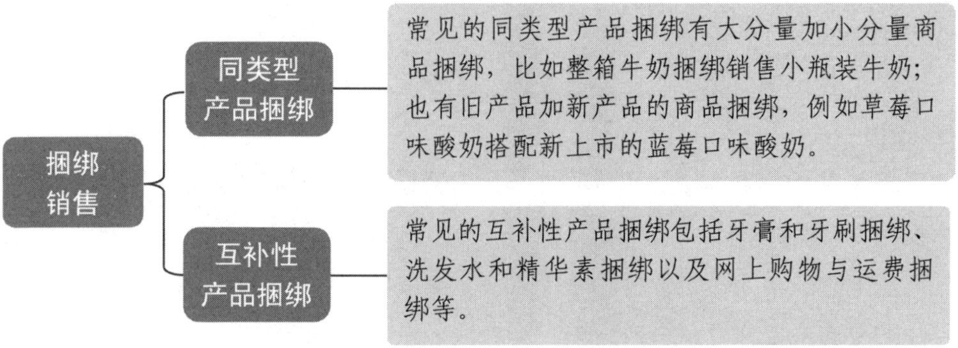

不管是哪一种捆绑销售，这些产品组合都有消费者更熟悉或更重视的产品或服务，消费者对这类产品或服务的价格感知也更敏感，因此商家会对这类产品或服务给予较大优惠。比如，消费者认为洗发水更有价值，洗发水便是产品组合的重心，应该给予较大优惠，而精华素保持原价销售。

捆绑销售对于合作的企业来说，可以实现双赢。因为捆绑后的商品价格与单件相比更便宜一些，在产品品质和功能相同的情况下，会将消费者从竞争者那边吸引过来。消费者本来购买单价产品，此时增加了购买量，于是便使企业增加了销量，提高了市场占有率。

捆绑销售对于企业来说当然很有好处，但对于消费者来说，并不是对所有的捆绑销售都会满意。尤其是在市场上拥有较大份额和优势地位的企业，可能会在相关产品或服务上强迫消费者购买相关性不大的产品或服务，或者接受一些无关的协议。

生活中我们可能会遇到以下捆绑销售。

（一）在线旅游平台

在线旅游平台是出现捆绑销售的“重灾区”。在大部分此类平台上，我们在支付时稍加注意便会看到航意险、酒店优惠券、贵宾休息优惠券等增值产品，而且这些选项不容易去掉勾选，且不易被发现。不管你需不需要这些产品或服务，只要你稍不留意就得为此买单。

（二）景点

景点的捆绑销售可能是最让人无奈的了。很多游客在遇到此类捆绑销售时，心里都十分气愤，被强制购买的滋味特别不好受，但总想着从外地来，不游玩又是一桩遗憾事，这种矛盾心情更令人难受。

湖南的凤凰古城被誉为“中国美丽的小城”，这里风景优美，有着少数民族的浓郁风情，人杰地灵，因有一座山酷似展翅而飞的凤凰而得名。它与云南的丽江古城、山西的平遥古城相媲美，有“北平遥，南凤凰”的美誉。

然而，2013 年 4 月 10 日，湖南凤凰古城将“凭票入景点”改为“凭票入景区”，游客必须购买 148 元的门票才能进入凤凰古城的核心景区。游客对于这种变相的捆绑销售十分气愤，于是凤凰古城的游客变得越来越少，景区慢慢受到冷落。2016 年 4 月 10 日，凤凰古城又恢复了之前的“凭票入景点”运营模式，游客可以免费游玩凤凰古城，只是在某些景点购买门票。

（三）酒店

酒店除了可以和在线旅游平台捆绑销售以外，还能和服务门店捆绑销售。

某酒店普通房间价格为每晚 110 元，生意惨淡，入住率非常低。旁边的按摩店提供的中式按摩价格为每小时 35 元，生意同样门可罗雀。后来经过专人策划，酒店和按摩店展开合作：第一步，酒店提价 25 元，涨到 135 元每晚，按摩店涨价 30 元，变为每小时 65 元。酒店经营者不遗余力地在酒店内塑造按摩的体验价值。第二步，酒店推出皇家级住宿享受服务，只要入住 135 元每晚的房间，便可免费享受每小时 65 元的中式按摩服务。第三步，酒店有了客户以后，把 135 元中的 30 元分给按摩店，相当于降价 5 元赢得了客户，而按摩店也相当于向客户提供了会员折扣价格，轻松销售出自己的服务。

于是商家联手获利，而买家本来可以支付110元住一晚酒店，现在却要多花25元才能住酒店，而所谓的中式按摩，买家就真的需要吗？

（四）汽车4S店

因为在购买汽车之后都需要上车险，所以很多汽车4S店抓住这一点，向购买车辆的消费者捆绑销售昂贵的车险。

某车主在汽车4S店购买了一辆价格为16万元的轿车，等付完全款准备提车时却被告知，他必须在店里购买不低于一年的新车商业保险才能提车。店家告诉他，这样做理赔方便，而且能够获得理赔指导。

车主不得已，只能购买该保险。第一年的保费就高达5 600元，而且还是优惠价格。其实，同款车型、相同配置的新车正常保险保费为4 500元，汽车4S店以“营销成本”的名义将这一差价收入囊中。

正是因为存在众多不符合法规的捆绑销售，才使得消费者对捆绑销售产生了“捆绑销售就是骗钱”的误解。相信随着市场经济秩序的不断规范，此类现象会越来越少。

十、配套效应：别让他人的“睡袍”左右你的幸福

鱼生活在水中，水一干涸，鱼就无法生存。从这种意义上讲，鱼和水就是配套的，属于一个系统。自然界中存在着配套效应，而在日常生活中，这一效应同样存在。所谓配套效应，是指事物改变自身以适应系统，或者改变环境来适应自身的一种现象。在经济生活中，是指人们在拥有一件新物品之后，不断配置与其相适应的物品，从而使自己获得心理平衡的现象。

配套效应又叫狄德罗效应，这一名称是20世纪美国哈佛大学经济学家朱丽叶·施罗尔在《过度消费的美国人》一书中首次提出的。当然，这源于18世纪哲学家狄德罗身上发生的事情。

18世纪，法国哲学家狄德罗的朋友送给他一件十分精美、图案华丽、做工细

致的酒红色睡袍。狄德罗非常高兴，于是便穿着这件睡袍在家里寻找感觉。不过，他突然觉得家具的风格不太对，地毯的针脚也很粗，这让他心里很难受。

为了让自己心里舒服一些，他决定把家里的旧东西全部更新，都要与自己的新睡袍相配套。于是，他把家里的旧东西都换了，书房也被改装一新，与之前截然不同，虽然与睡袍的风格相搭配了，可是狄德罗仍然不高兴，因为他发现自己的意志竟然抵不过一件睡袍的诱惑。

配套效应反映了人类无穷无尽的欲望，得到的越多反而越不满足，而在没有获得最初的那个东西时，人的心理倒是很平衡。

刘海涛与妻子正在吃饭，脑海中突然产生一个想法："我想买个书柜。"他有这种想法也很正常，因为他酷爱读书，家里的书太多，放在箱子里非常不方便。

妻子表示支持，于是答应他明天一起去看看。

第二天，他们两人选了一个书柜回来。刘海涛左看右看，觉得书柜是很好看，但自己坐的椅子太不搭调了。他的妻子和他想到一块儿了，说："你这把椅子太旧了，咱们明天再买把新椅子吧。"刘海涛点头答应。

刘海涛买回了新的椅子，但又觉得书桌很扎眼，于是，他们两人一而再，再而三地折腾，终于在把书房全部更新一遍之后才觉得心情舒畅了。

如上述案例一样，生活中我们经常受到狄德罗效应的影响。

例如，本来出门想买一件衬衫，但买了衬衫以后，又觉得自己的长裤与新衬衫不搭配，便又买了一条相搭配的长裤。穿上长裤以后，发现自己的运动鞋也不搭配，便又买了一双皮鞋，最后发现，别的地方都完美了，唯独自己的发型十分不协调，于是又花了不少钱剪了一个新发型。等回家清醒过来以后才发现，原来自己本来只想买一件衬衫啊！

于是，最直接的感受就是：自己的行头越来越好了，但口袋也越来越空了。搭配的顶端永远不是自己够得到的。

那么，我们要如何才能避免陷入配套效应中呢？或许我们可以从苏格拉底的故事中受得启发。

有一天，苏格拉底的学生怂恿他去热闹的集市上逛一逛。这些学生说道："集市上的东西非常多，好听的、好玩的、好看的，应有尽有，有数不完的新鲜东西。您可以在那里找到关于衣食住行各方面的东西。您要是去了肯定会满载而归！"

苏格拉底想了想，听取了学生们的建议，去集市上逛了逛。

第二天，苏格拉底一来到课堂上，学生们立刻围过来询问他集市上的收获。苏格拉底对大家说道："我这次去集市上确实有很大的收获，就是发现这个世界上原来有那么多我不需要的东西。"

学生们非常惊讶，苏格拉底接着说："当我们为追求奢侈生活疲于奔命时，幸福生活就离我们越来越遥远了。幸福往往很简单，比如，最好的房间就是具备一切必需物品，但没有一件是没用的。做人要知足，做事要知不足，做学问要不知足。"

当然，对于社会经济发展来说，配套效应是一种发展的动因，能够促进周围事物不断发展，更新换代。比如，企业生产线引进先进的生产技术，要想与之配套，最大化产出，就必须使整个生产线上的设施、工人技术等升级改进。

十一、折扣经济学：打折促销其实是把双刃剑

"满 99 减 50""满 2 000 元送 1 000 元"……一到了节假日，各大商场的折扣促销活动纷纷登场。只要逛街，遍地都是打折活动。面对此类情景，消费者心里估计十分兴奋，而商家的心里更是如此。因为折扣不代表利润降低，而是利润的提升。

企业在打折促销时会提前根据商品原价确定让利系数，然后再展开以打折为名义的降价活动。打折促销已经成为现在市场上最通用的一种促销手段。

对于企业来说，打折促销是一把双刃剑。

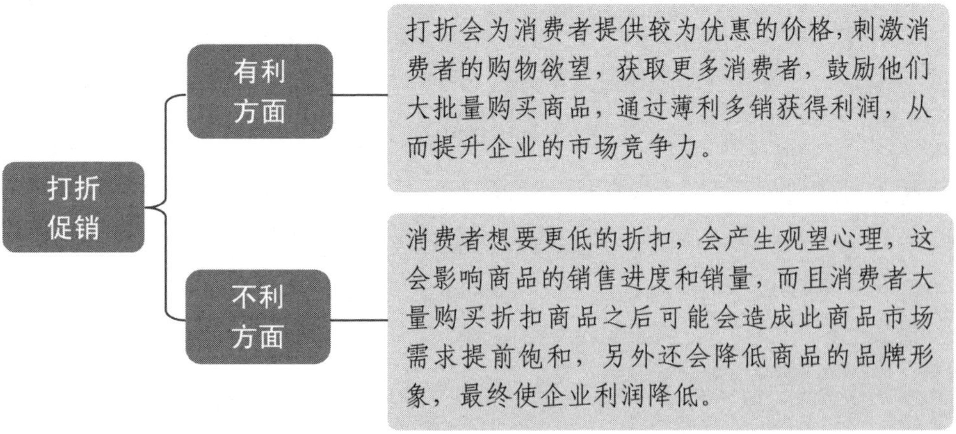

现在每年到了双十一，消费者不仅在网络购物狂欢，线下的各大卖场也成了血拼的战场。

某大型商场营销专员晓玲说："各大卖场都想要抓住这一时机进行年末冲刺，指望通过双十一的折扣活动完成一年的销售额。"

早在多年前，商品一打折就会被快速抢购一空，"薄利多销"非常容易实现。而如今各个商家的折扣活动甚至已经展开了恶性竞争。

晓玲对记者说："只要一家商场有满减活动，另一家就进行送券活动，虽然搞折扣活动的频率越来越高，但折扣幅度越来越小。2017 年双十一，我所在的商场实行"比网店贵了找差价"的活动，净利润率直线下跌，从 3%下降到 0.5%。可是我们也没有办法，所有的大商场都在打折，我们要是不打折，客流量肯定就会变少。"

折扣活动的泛滥带来了恶劣的影响，商品的品牌形象逐渐降低。某品牌女装店营业员对记者诉苦："有时越打折反而越卖不动！顾客越来越少，他们反映说品牌女装总是打折扣，觉得这个品牌的女装越来越不值钱。"

商家为了盈利，有的甚至开始动起歪脑筋，与消费者玩文字游戏。

2017 年 11 月 6 日，网络红人"papi 酱"发布短视频吐槽双十一的折扣规则太难算，戳中网友的心坎，赢得 30 万网友点赞。这说明网友对商家折扣规则的不满早就积攒很多了，其中先涨价后降价、迫使"循环购买"等套路都让人非常难受。

专业人士对此发表了自己的看法：商家应该适度打折促销，使消费者获得确切实际的利益，才能提高商家的信誉度，稳固老客户，积累更多客源。最重要的是诚信经营，不能虚假打折。虚假打折只能蒙骗一时，消费者早晚会看破骗局，以致客户流失，这对商家来说可谓得不偿失。

十二、信用消费：预支收入来消费，信用成"第二身份"

信用消费是指消费者向银行或其他金融机构借款，用来购买商品或服务的一种消费方式。现如今，信用消费正在逐渐改变人们的生活消费方式。这一消费方式的出现使消费者能够更加灵活地安排自己的支出，尤其是预支未来收入，提前让自己获得想要的商品或服务。

信用消费的主要种类有短期信用贷款、综合消费贷款、住房贷款、国家助学贷款、汽车贷款等，其中住房贷款一直居于主导地位，比重基本在60%~75%。

一直以来，面对个人的消费信贷，其主要介质是银行推出的信用卡。信用卡可以使持卡人拥有一定的信用额度，并在可用额度内先消费，后付款。因此，消费者在使用信用卡消费时无须使用现金，并且截止到账单日时还款即可，给消费者留出了充足的时间来准备资金，更使消费者灵活消费，不必由于资金捉襟见肘而白白错过心水之物。

到了移动互联网时代，信用卡消费也紧跟时代步伐，与第三方支付平台和电商平台展开合作。与此同时，第三方支付平台也开通了自己的信用消费平台，比如支付宝的花呗、京东支付的京东白条等。这些消费方式对于一直喜爱网购的网络原住民来说极具诱惑力，很快便受到他们的青睐。

石溪媛是刚毕业一个月的90后姑娘，她对记者说道："在我看来，花呗其实非常方便。我前几天刚在淘宝上通过花呗买了一部5 000多元的手机。"

记者问："你为什么会选择使用花呗支付，这样做会不会影响到个人信用？"石溪媛说："因为我刚毕业，实习期的工资每月还不到4 000元，遇到自己喜欢的东西，只能通过信用消费来购买。关于是否影响个人信用，我觉得这一点不用担心，因为我会按时分期付款，从来没有延期过。最主要的是，我只要点点手机，很快就能还钱，非常方便。"

孙甜是一位80后，在互联网公司上班。她对记者表示，很多人对互联网信用消费存在很大的偏见，认为"水太深"，通常避而远之，实际上它并不像大家想象的那样。如果我们注意网络和个人信息安全，按时还款，不管是京东白条、蚂蚁花呗还是微粒贷等信用消费方式都非常方便。

不过，不管是信用卡还是花呗等互联网信用消费方式，都会给人一种暂时富有的错觉，放大自己的消费欲望。所以说，当信用消费逐渐成为习惯，一旦不能合理控制自己的消费欲望时，很容易形成过度消费，债务陷阱就会立刻显露出来，甚至使人不知不觉掉入套路贷的陷阱。

专家表示，目前信用正在成为人的第二身份，随着互联网经济和信用关系的发展，信用经济正在逐步登上主场，而货币经济的作用则逐渐变弱。正所谓“守信者畅行天下，失信者举步维艰”，在当今社会，我们一定要注意维护好自己的信用，一旦信用缺失或信用不良，就有可能对日常经济活动产生不利影响，甚至陷入寸步难行的窘境。

第十一章

个人财富配置的最优均衡解——投资理财背后的经济学原理

你不理财，财不理你。财富的积累除了需要不断奋斗获取工资收入或者创业收入之外，还需要经常打理才能创造出更多收益。工作赚的钱是收入，投资理财获得的是财富增值。要想让个人财富合理化配置，就要学会正确地投资理财。那么，我们该如何进行投资理财呢？投资理财有哪几种类型呢？

一、理性投资：旅鼠效应与逆势投资法

“别人越是草率，我们越要加倍慎重。”查理·芒格认为，优秀的投资人应该做到能独立思考和判断，对市场保持足够的耐心，理性面对风险，长期坚持下去，从而获得良好的业绩。

投资者要进行理性投资，指的是投资者在投资决策过程中应保持独立的思考，建立较为完善的投资体系，对投资市场进行科学分析，合理配置，以长远的眼光来看待投资市场，对短期市场的起伏不要过于敏感，从而有效地识别局势并做出谨慎理智的决策。

在投资时，我们要避免的就是旅鼠效应。

旅鼠常年居住在北极，是北极繁殖力最强的动物。春天到秋天，旅鼠都可以繁殖，而且一胎可以产 9 子，而新生的小旅鼠又能在出生后 30 天左右交配繁殖。不过，为什么繁殖能力如此强大，旅鼠的种群数量却一直大不起来呢？

曾获得奥斯卡金像奖的迪士尼动物纪录片《白色旷野》为其进行了解释。原来，当旅鼠的数量急剧膨胀，达到一定密度时，几乎所有旅鼠都会变得焦躁不安，停止进食，而且会到处乱窜，最后朝着同一个方向出发。它们不再像以前一样胆小怕事，而是敢于挑衅天敌。他们一直向前奔向大海，然后纷纷跳下去，做出“自杀”式的行为。

当然，纪录片伪造了旅鼠跳海的假象，其实旅鼠种群数量比较平衡的真正原因就是食物链之间的动态平衡。不过，在未揭露出这一造假行为之前，众多科学家已经纷纷对旅鼠跳海的原因提出假设，并由此产生了一个心理学名词“旅鼠效应”。

旅鼠效应其实类似于羊群效应，产生的原因在于群体成员倾向于与其他成员保持行为和信念的一致，以此来获得群体成员的认可及团体归属感，并且在对某件事情无法决策时，也会模仿和顺从群体成员的行为，他们觉得这样做是最安全的。

巴菲特曾拿旅鼠成群自杀行为比喻投资者盲目随大流的不理智行为。他说：“投资并非智力游戏，智商 160 的人不一定会击败智商 130 的人。理性才是投资中的最重要因素。”

大部分投资者都是趋势投资者，而优秀的投资者则为逆势投资者。

2017 年 2 月 16 日，股神巴菲特掌管的伯克希尔•哈撒韦公司宣布，该公司去年持有的苹果股票增加到 5 740 万股，总价值约 66.4 亿美元。在前一天，苹果股价刚刚上涨 1.73 美元，报 135.02 美元，创下历史新高。苹果股价在这一年累计上涨 17%，为巴菲特带来账面利润 11 亿美元。

时间回到 2013 年，当时苹果发展势头良好，但巴菲特断然宣称不会买入其股票。当 2016 年苹果股价创下两年来新低时，而且其业绩出现 15 年来首次下滑的情况下，巴菲特却迅速抄底并大举增持其股票。当时他的这一举动令业界吃惊不已。

为什么当市场份额不断下跌，一般投资者对苹果越来越失望时，巴菲特却信心满满呢？

其实，巴菲特投资与一般投资者不同，他看中的不是股票涨跌，而是企业的价值。他正是看中了苹果完善的生态链，所以才放心大胆地增持其股票。

因为当时苹果公司的市场份额虽然不断下滑，但用户活跃度很高，生态系统也在不断完善，持续不断地为公司提供开发动力。也就是说，巴菲特的逆势投资属于价值投资。他曾将价值投资归纳为三点：把股票看作许多微型的商业单元；把市场波动当成朋友，而不是敌人；购买股票的价格应该低于自身能够承受的价位。

然而，尽管巴菲特的理念并不难理解，但很少有人能够像他那样数十年如一日地坚持下去。相比之下，他们总是跟着感觉走，随大流走，追着概念走，一旦觉得市场有利可图，出现波动就蠢蠢欲动，又因为专业知识不够，投资经验不足落入陷阱，上钩上套。

投资者在进行逆势投资时，并不能单纯地逆向投资，看到大家纷纷抛售就一根筋地坚持买进，而应该学习巴菲特，坚持科学的投资方法，在科学分析、深入调查的基础上，严谨分析所投公司的基本面，寻找公司的内在价值，等待合适的时机再行动。

二、机会成本：最容易被忽略的投资风险

10 年前，一位创业者将自己在深圳的房子以 80 万元的价格卖掉，然后拿着这笔钱去创业。经过几年的努力，他创办的公司终于走上正轨。又过了几年，他通过开公司赚了 400 万元。这让他非常高兴。不过，他最后又回到深圳，用 400 万元做首付，把之前自己卖掉的房子又买回来了。

这个故事听起来又好笑又令人心酸，辛苦几年下来，挣的钱还没有跑赢房价，除了获得了工作经验，几乎等于没挣钱。

通过这个故事我们就能大体了解机会成本的含义了。对于这位创业者来说，卖掉的房子就等于他创业的机会成本。由于他选择创业，只能放弃房子，随后房价上涨，他的机会成本变大。

机会成本指的是为了得到某种东西而所要放弃另一种东西的最大价值。其实，投资到底是赔是赚，除了看账面收益，还要考虑机会成本。

比如，你在某网络基金存 1 万元，一年收益 300 元，但如果你拿这 1 万元去进行其他投资，你就不得不失去把钱放在网络基金一年获得的 300 元收益。这 300 元就是你投资的机会成本。如果你投资一年赚了 200 元，表面上看似你是赚了钱，但相对于 300 元的机会成本，其实你是亏损的。

经济学家弗里德曼举个一个十分形象的例子：即使你去餐厅免费吃饭，你也是要付出一定代价的。虽然没有花钱，但里边的机会成本有可能很大。比如，你的竞争对手可能正是利用这一段时间抢走了你的订单，也有可能你的心仪对象此时在餐厅外与你“擦肩而过”，失去良缘。这些都是你免费吃饭的机会成本。所以说，天下没有免费的午餐。

在投资领域，机会成本指的是现在做出的投资决定导致中长期回报水平低于其他选择的风险。如果你只关注短期波动，那你可以将资产大量配置在固定收益类的投资产品上，通过这种方法来控制短期巨幅波动造成的风险，比如购买债券。

虽然购买债券为你避免了资产价值短期巨幅波动的风险，但另一种风险也会悄然来临。在长期投资跨度期间，由于你没有在股票领域进行大量配置，投资回报可能会非常少，从而使自己无法完成长期投资目标。

这一结果造成的损失非常大，尤其是到时候在你非常依赖退休账户中投资

组合所产生的现金流时，而你却在忍受长期的机会成本带来的损失，你只能想办法削减自己的开支。这不仅很难做到，也会非常难受。

投资领域的机会成本一般很难为人所察觉，因为投资跨度可能长达二三十年甚至更长，所以其造成的影响在短时间内并不明显。一旦到了需要获得每年9%到10%投资回报的时候，你却发现固定收益类资产配置的投资组合所产生的回报大大低于预期水平，而且自己无法再做出补救。

当然，反之亦然，如果你选择了股票投资，那你失去的便是基金或债券的稳定性和流动性。每个人的风险承受能力相同，而且对各类理财产品的了解程度也不一样，所以做出不同的投资决定也是很自然的。

因此，在投资时我们要根据自己的实际情况和风险偏好而定，通过独立思考判断，自主决策，不能盲目跟风。某种程度上，机会成本决定了我们过什么样的人生。

三、马太效应：穷者愈穷，富者愈富

据统计，目前世界上最富有的20%的国家占有全球GDP的85%。从20世纪60年代到现在，最富裕的国家与最贫穷的国家之间的经济差距又扩大了一倍。不仅国家和地区如此，在个人财富方面也存在这种特征。

美国华盛顿预算及政策研究中心和经济政策研究所同时发表报告：到目前为止，美国最富裕和最贫穷的人之间的收入差距已经超过20世纪八九十年代之间的差距。美国民众突然发现，这看似一片繁荣的喧嚣之下，正在裂开一个贫富差距的大峡谷，而且这个裂缝越来越宽。

《圣经·马太福音》中说：“凡有的，还要再给他让他多余；没有的，连他所有的也要夺过来。”20世纪60年代，社会学家罗伯特·莫顿首次将“富者愈富，贫者愈贫”的现象称为“马太效应”。

马太效应在经济活动中十分常见，当你成为某个领域的领头羊时，即使和弱小者从事行业的投资回报率相同，你也能更轻易获得与之相比更大的收益。因此，如果没有实力占据某个领域的制高点，你就要不停地寻找新的发展领域，以便于获得较高的投资回报。

从马太效应延伸到投资领域来看，只有占据投资的高点，投资才能更加稳定，收益才能最大化。在股市狂潮中，最赔钱的往往是中小散户。

要想占据投资的制高点，首先要学习了解市场的政策，并与其保持一致；还要学会观察市场的状态，选择最适合自己的投资工具。

在投资市场上，投资者缺的不是老师，不是分析，操作建议更是数不胜数，唯独缺卓越的远见。我们要站在投资的前沿，用稳健的操作方法进行投资，我们所需要的并不是短期利益，而是在长久稳健的投资过程中获得巨大的收益。

四、复利：让自己的资金“滚雪球”

沃伦·巴菲特曾经是世界首富，他把投资作为自己的终身事业，在 1964 年以 1 000 万美元作为计算基数，到目前为止已经拥有上千亿的身家，其综合年复合收益率在 20%~30%。经过几十年的投资，巴菲特的收益增加了几千倍到上万倍。

“人生就像滚雪球，重要的是发现很湿的雪和很长的坡。”这是巴菲特说过的一句话。这句话就很形象地揭示了复利的特征。

所谓复利，是指一笔资金不仅本金产生利息，在下一个计息周期内，以前每个计息周期内产生的利息同样计算利息的计息方法，也就是所谓的“利滚利，息生息”。

复利与单利相对。假设现在有 1 万元用于投资基金，每年的预期利率为 25%。如果按单利算，三年后共获得利息 7 500 元；如果把每年赚到的利息复投的话，三年后共获得利息 9 531 元。后者比前者多赚的 2 000 多元就是在这三年里利息生的钱。

三年的时间跨度不算长，如果把投资期限拉长到 20 年，按单利计算只有 8 万多元；如果按复利计算，最初的 1 万元会变成 500 多万元。

不过，复利的威力虽然很强大，但也有很多制约因素会减弱它的威力。只要我们知道了这些以后，就不会对复利产生过多幻想，以为按复利计算就会万无一失，让钱躺在账户里为自己“下金蛋”。想一想前边举过的例子，如果要想让 1 万元变成 500 万元，前提是必须坚持 20 年持续复投，并且每年的投资利率都要保持在 25%。复利要想赚钱，必须做到每一年都不能亏损，否则产生的亏损会超过之前多年的收益。

可见实现这一条件很难，单通货膨胀一点就足以对复利产生威胁。例如，1980年时，5元是非常值钱的，相当于现在的500元。如果当时我们把5元钱按年化利率12%进行投资，30年以后，5元大概变成了150元。尽管复利的威力足够大，但这150元在现在也就能在饭店点几个菜吃，可当时的5元却是全家人一个月的伙食费。所以说，在高通货膨胀情况下，复利的收益会大打折扣。

当然，虽然复利的威力没有想象中那么神奇，但它对我们投资仍然很有帮助，当我们掌握以下小技巧时，就可以利用复利为自己的投资赚取更多收益。

（一）本金越多越好，投资越早越好

我们都知道，投资期限越长，复利产生的收益就越大。尽管我们不可能把投资期限拉长到100年，而且投资过程中很有可能会花掉一部分钱，但如果投资期限足够长的话，还是会获得足够多的收益的。

因此，我们可以在保证日常生活质量的前提下，固定拿出一部分钱来投资，在若干年以后获得复利的福利。

（二）成立投资专款账户

由于复利的威力要靠长时间的坚持来体现，所以有些人因为忍耐不住，提前动用了本金，以至于影响到了复利的效果。比如，原本投资20万，年化利率为8%，再过9年就能获得本息共计40万了，但由于购车需求，动用了本金10万，于是利滚利的速度就变慢了很多。

因此，大家应该在保证基本需求的前提下尽量积累一些钱，并且专门设置一个投资账户，专款专用，以避免资金受到排挤。

（三）保持持续稳定收益

要想让复利产生更多的收益，保持持续稳定收益是最稳妥的办法。因此，大家要尽可能选择稳健型的投资产品来进行固定每个月的投资，稳扎稳打，这样才能保障自己获得尽可能多的收益。

五、股票：为什么在股票市场上很难成功？

股票是指股份公司在筹集资本时向出资人发行的凭证。股票可以证明出资人的股本身份和权利，并根据其持有的股份数量享有权益，并承担义务。股票投资是指企业或个人用积累起来的资金购买股票，以获得收益的行为。

股票投资的确给很多人带来了财富，但同时也使他们心跳加速。懂得熟练运用股票投资确实可以更快地获得投资理财上的成功。不过，股票投资成功并不容易，有太多人因为没有掌握正确的投资技巧，选择买入或卖出的时机不对，从而输掉了人生。

为什么在股票市场上很难成功？要想理解这个问题并不困难。我们不妨采取发散性思维来思考这个问题。

比如，为什么马云之前是老师，后来通过做电商几度成为中国首富？为什么化工行业的创业者却无法实现逆袭，成为中国首富？因为互联网行业是新兴行业，而化工行业是古老行业。在古老行业里，要想出现一个新企业超越老牌企业实在太难。而股票投资行业非常古老，已经有 100 多年。

虽然股票投资行业曾出现过三次技术革命，第一次技术革命是图表技术，即技术分析，第一个吃螃蟹的人都赚到钱了，比如杰西·利弗摩尔、威廉·江恩等，但后面模仿他们的人都没能成功；第二次技术革命是价值分析，第一个吃螃蟹的人也都赚到钱了，比如巴菲特，但后面模仿他的人还是没能成功；第三次技术革命是量化交易，即大数据分析，目前尚未安全成熟。

然而，同样是古老行业，为什么石油行业的利润比服装行业要高？因为石油行业属于垄断行业，行业准入门槛比较高，而服装行业是完全开放竞争的行业，行业准入门槛较低。因为准入门槛越高，进入这一行业的人就越少，赚钱就越容易；而准入门槛越低，进入的人数越多，要想成功，就必须与众多人竞争，难度便可想而知。

那么，股票投资的门槛有多低呢？答案是零门槛！只要有一张身份证就可以到任意一家证券公司办理开户手续，然后往账户上存 1 000 元就能购进 100 股。但是，你要想成为 1%的胜者，就必须战胜 3 000 万个竞争对手。因此，股市属于零和博弈游戏，也就是说，你和竞争对手之间必须拼个你死我活。

在股市里，你死我活的意思是指我买进意味着你卖出，我赚的钱肯定是你损失的利润。在零和博弈游戏中，竞争的难度不仅在于自身的能力水平，也和竞争对手的能力水平密切相关。如果对方能力很差，你自然能很轻松地赢得胜利，但如果对方和你一样聪明，你取胜的难度就很大了，更何况对方可能会不断努力，变得更强大。

其实，股市中没有常胜将军，任何人的胜利都是有时间限制的，区别只在于谁的胜利时间更长一些。只有你的胜利持续时间够长，就可以积累到足够多的财富。

股神巴菲特的成功案例广为流传，但即便是他也犯过众多投资上的错误。比如，他曾在 1966 年以 1 200 万元买入 HK 百货，之后百货利润不断降低，三年后只能以 1 100 万元转手；他在 2006 年买入康菲石油，因为当时石油价格高达 70 美元，正是因为巴菲特对原油价格攀升的预期，他对康菲石油的增持持续到 2008 年初，然而市场对石油公司已经显露出撤退意愿，最后巴菲特不得不以低价抛售；1993 年，巴菲特以换股方式收购德克斯特鞋业，但是德克斯特鞋业在 1995 年以后持续亏损，而当时支付的 4.33 亿股权如今早已价值 30.5 亿元。这被巴菲特认为是迄今为止最糟糕的一次投资。

巴菲特犯下的投资错误对于他的成绩来说不值一提，因为在几十年的投资生涯中，巴菲特在大概率上是保持正确的，足够多的正确决策会覆盖错误的决策成本。

那么，股票投资如何确保稳定收益呢？

（一）在市场整体都处于较低价位时买入

一般来说，市场底部总是缓慢形成的，因此我们应该反复确认底部，当大盘见底多年时，再去挑选个股的底部，千万不要在市场处于强劲下跌局势时购入股票，这样有很大被套牢的风险。

我们在分析大盘时主要是看上证指数、深证指数、深沪 300 指数等，只有当这些指数都处于历史低位并不断筑底盘整时，我们才可以择时买入。

（二）长线操作，避免频繁短线

频繁的短线操作会增加操作成本，因为支出的手续费会增多，买入卖出价差也会体现出来。最主要的是，一旦操作频率高了，犯错的几率也会上升，因为短期的微小波动是随机的，而长线操作便可以分析预测，利用发现的趋势做出正确决策。

长线操作与短线操作相比更大的优势在于，投资者的心态会更好，不会计较每天的涨跌，毕竟目标在更远的方向；而短线操作一旦失误一次，不仅丢失之前的利润，也会影响投资心态，使人更不理智，导致越亏越多。

（三）永远保持组合投资

美国经济学家詹姆斯·托宾曾说："不要把所有的鸡蛋放在一个篮子里，也不要放在太多的篮子里。"

要想达到前者的要求，即"不要把所有的鸡蛋放在一个篮子里"，我们便可以运用组合投资把风险平摊。因为如果我们全力押注一只股票，虽然能够带来可观收益，哪怕连续战胜市场99次，但只要有一次被市场打败了，我们就可能赔得血本无归。

为了稳妥起见，我们可以买入各种稳定行业的股票，比如船舶、铁路、能源、港口、发电等，因为这些都是国家的经济命脉，不会轻易亏损或破产，但我们也就不能指望快速获得超高收益了，不过起码能够获得非常稳定的收益。

但是，"我们也不能把鸡蛋放在太多篮子里"，也就是说，分散配置要在一个合理范围内，过于分散会导致收益过于低下，无法保证较高的风险收益比。

（四）只买看得懂的、盈利模式简单的股票

现在的公司大多会讲故事，很多是哪个业务流行就做哪个业务。面对如此眼花缭乱的行情，我们无法确定是否有人从中操纵股价，但这样的公司属于墙头草，无法给人带来安全感，即使处于牛市也可能并不会带来超出预期的收益。

因此，我们与其对这样的股票提心吊胆，不如买入盈利模式稳定，利润增长单一的公司股票。

（五）利用鸡尾酒会理论规避股市风险

鸡尾酒会理论是彼得·林奇提出的一个著名理论。该理论是他在担任麦哲伦公司总经理之后，经常在家里举办鸡尾酒会招待客人而发现的股市周期规律。

通过观察鸡尾酒会客人的反应，彼得·林奇判断出股市走势的四个阶段。

股市走势的四个阶段	
1. 股市已经探底，下跌空间不大	彼得·林奇介绍自己是基金经理时，客人们只与他碰杯致意，然后就很冷淡地走开了，之后就讨论起牙疼病或者明星绯闻之类的事情，没有一个人谈论股票
2. 股市即将抄底反弹	彼得·林奇在介绍自己是基金经理时，客人们会简短地聊上几句股票的话题，然后就继续谈论明星绯闻或者牙疼病之类的话题
3. 股市到达阶段性高点	彼得·林奇在介绍自己是基金经理时，客人们纷纷围过来询问股票的事情，想要知道买哪一只股票能够赚钱，没有人再关心牙疼病或者明星绯闻了
4. 股市到达高点，大盘即将下跌	此时客人们大谈特谈股票话题，还主动向彼得·林奇介绍股票，告诉他哪一只股票会大涨

早在1929年，石油大亨洛克菲勒就曾受益于这一理论。

当时洛克菲勒在街边让一个小孩子为他擦皮鞋，小孩子一边擦皮鞋一边对他说："先生，最近您关注股票了吗？我想给您推荐一只股票，不久就会大涨……"

洛克菲勒一听，心里很惊讶，连一个擦皮鞋的小孩子都开始给别人推荐股票了，他预计股市即将大跌。于是，他回到公司以后立刻下令全部清仓。

果然不出他所料，两个月之后华尔街崩盘，无数人一夜之间倾家荡产，而洛克菲勒却安然度过了这次危机。

当我们发现在股市上无法看到一只便宜的股票，都在急切上涨时，我们应该可以感受到这种氛围，这时只需要悄悄地把股票抛售就行。

六、基金：让专业的人为资产增值

基金有广义和狭义之分。从广义上来说，基金是指为了某种目的而设立的一定资金，包括信托投资基金、退休基金、公积金以及基金会基金等。而从狭义上来说，基金是指具有特定目的和用途的资金，一般指证券投资基金。

作为一种投资方式，证券投资基金是指将众多投资者的资金汇集在一起，交给银行保管，由基金管理公司负责将这些资金投资于股票或者债券，从而实现资产增值和保值的目的。

证券投资基金的投资者可以享受到增值收益，但同时也要承担投资亏损而产生的风险。

那么，证券投资基金的性质到底是什么呢？它主要体现在以下四个方面。

集合投资制度 证券投资基金从广大投资者手中聚集巨额资金，组建投资管理公司进行专业经营管理，使资金运作受到多重监督。	**信托投资方式** 证券投资基金属于金融信托方式，有委托人、受托人、受益人三个关系人，并且受托人和委托人还会签订信托契约。
证券投资基金存在于投资者与投资对象之间，可以将投资者的资金转换成金融资产，使其再投资而实现增值。 **金融中介机构**	证券投资基金发行的基金券与股票、债券是有价证券的三大类。 **证券投资工具**

证券投资基金主要具有以下优势。

（一）集合理财，专业管理

基金将投资者的资金汇集起来，委托基金管理人进行投资管理，可以充分发挥资金的规模优势，有利于降低投资成本。同时投资者可以分享到基金公司以及基金经理人在专业知识、信息、渠道、交易、技术以及时间等方面的优势，享受到专业化的投资管理服务。这与个人投资者相比，优势不言而喻。

（二）组合投资，分散风险

国家法律法规规定，基金投资需要以组合投资的方式进行运作，这样可以降低投资风险。

一般情况下，个人投资者资金量比较小，无法做到分散投资，或者不知道如何进行分散投资，便集中投资，这就为自己带来了很高的风险，一旦买错，损失很大。

基金会以购买几十甚至上百种投资理财产品来分散风险，这样即使买错几种产品也可以通过其他产品的盈利来弥补损失。

（三）利益共享，风险共担

投资者付给专业管理人员相关费用，而专业管理人员则为投资者提供专业的投资知识，利用自身优势为投资者创造收益。如果出现亏损，也会由所有投资者一起分担，而专业管理人员也会减少客户，降低收入。

（四）严格监管，信息透明

为保护投资者的利益，国家法律法规以及基金监管机构都会对证券投资基金进行严格监管，严厉打击各种损害投资者利益的行为，并要求基金对投资信息及时充分地披露。

（五）独立托管，保障安全

基金投资操作和财产保管是分离的，这样会形成一种相互制约和监督的机制，防止跑路事件，为投资者的利益提供充分保障。

（六）投资便利，流动性强

基金投资的准入门槛很低，一般 1 000 元就可以投资，而且购买渠道很多，包括证券公司、商业银行、基金公司直销中心等，随着互联网的迅猛发展，更便利了基金的购买。需要指出的是，基金申购和赎回都非常方便，到账快，使资金呈现出较强的流动性，比如，我们日常使用的余额宝就属于基金，我们可以用它直接购买东西。

（七）产品丰富，收益乐观

基金的种类很多，而且同类基金也有很多只基金，投资者有很多选择。另外，投资基金的收益也比较可观，比如截止到 2017 年 7 月 26 日，货币基金年化收益率高达 4.5%以上，而股票基金年化收益率高达 50%以上。

七、保险：投资型保险产品，你了解多少？

保险是一种契约经济关系，是指投保人根据合同约定，向保险人支付保险费，保险人在合同约定的可能发生的事故发生时，对造成的财产损失承担赔偿保险金责任，或者投保人死亡、伤残、疾病或者达到合同约定的年龄、期限等条件时承担支付保险金责任的商业保险行为。

一般来说，商业保险分为财产保险、人身保险、责任保险、信用保险、津贴型保险、海上保险等。然而，随着保险行业的不断发展，市场竞争越来越激烈，保险类型也越来越多元化。

作为一种新推出的险种，投资型保险受到众多消费者的喜爱。投资型保险是指与投资挂钩，具备投资、储蓄与保障多重功能的保险，它为客户设置了资本保值账户，提供没有利息税的高收益服务。由于现在的年轻人不仅保险意识越来越强，还有智慧的理财头脑，因此对于这种既能保障、储蓄也能投资的保险非常感兴趣。

关于投资型保险的投资回报，一般来说，投资型保险在投保时的收益率与同期的银行存款利率相同，但投资型保险的收益是免税的，按照利息税规定，投资型保险的收益要比同期银行存款利率高 5%。

我国对银行储蓄存款利率的规定比较呆板，不管存款期限有多长，也不管存款利率是否提高，存款利息都是按照存入日的银行挂牌利率计算的。而投资型保险不同，它属于联动利率产品，会随着银行调息而同幅度调整，并且不需要客户办理相关手续，会自动完成收益率变动。

投资型保险的种类不止一种，主要分为分红型保险、万能寿险、投资连结险三大类。

（一）分红型保险

分红型保险指的是投保人每年能够获得基于保险公司经营成果的红利分配。当然，分红型保险的主要功能是保障，红利分配只是附属功能。红利的收益是不稳定的，主要看保险公司的经营成果。大家之所以喜欢这类保险，是因为它既能提供保障，还能让人有意外收获。

（二）万能寿险

和传统寿险不同，万能寿险将投保人交的保费分为两部分，一部分购买寿险进行保障，另一部分划入个人投资账户，进行投资理财。万能寿险最大的优点在于，投保人可以根据自己人生各阶段的不同需求调整保障和投资的比例，使有限资金效益最大化。比如，在身强力壮时适当调高投资比例，降低保障比例，以获得更大收益；而在年纪大了以后降低投资比例，调高保障比例，从而达到重视保障、平稳理财的目的。

（三）投资联结险

投资联结险简称投连险，又称为变额寿险。投连险设置的账户比万能寿险更多，包括收益账户、发展账户、基金账户等，而且每个账户的投资组合不同，收益率也各不相同，风险各异。

保险公司在收取资产管理费之后，会交由专家代为理财，但需要投保人自己承担所有的投资收益和损失。因此，投连险更适合激进型投保人，这类人的经济水平比较高，以投资为主，保障为辅，并追求资金高收益，同时还具有较高风险承受能力。

在选择投资型保险时，我们要关注两个方面。

第一，关注本金安全。对于家庭投资来说，本金的安全是首先要考虑的因素。本金安全指的是资金的流动性，即变现能力。从这一方面来看，具备保本功能的是分红型保险和万能寿险。因为分红型保险只要不提前退保就能保证本金的安全，而万能寿险则更加灵活，在持有时间超过预定期限之后退保也不会再收取任何费用。投连险风险很高，受市场波动影响大，所以在保险总资产中的比重不宜过大。

第二，比较长期收益。一般来说，万能寿险与分红型保险是浮动收益，其收益水平会在保底基础上根据存款利率的上升而上升。

八、黄金：金灿灿的黄金值得投资吗？

2018 年 12 月底，临近年末，黄金价格迎来了一波上涨高潮。国际金价上涨超过 20 美元，到达 1 280 美元/盎司的关口，创下 6 个月以来的新高。记者了解到，一些有经验的高净值投资者开始闻风而动，紧追震荡上涨的行情，这让疲软多时的黄金市场又开始升温，其中那些既具有年节色彩又具有投资属性的黄金或黄金饰品成为了抢手货。

对于此轮上涨行情，某期货分析师表示，国际金价之所以节节攀升，除了美股和原油价格下跌之外，对全球经济放缓的担忧使人们产生避险需求，所以投资者才会到黄金市场寻求避险，从而拉动了黄金市场的回暖。

黄金是一种化学性质非常稳定的贵金属，以其稀有性、珍贵性而被人们所看重。黄金不仅是储备和投资的特殊通货，还是首饰行业、电子行业、通信行业等部门的重要材料。

黄金具有商品和货币双重属性，如今随着金融市场的不断发展，黄金投资越来越受到投资者们的认可。投资黄金的最大优点是其具有保值功能，可以抵御通货膨胀。

黄金投资的种类繁多，投资者在选择时一定要选择适合自己的种类。那么，我们到底该如何进行黄金投资呢？

（一）实物黄金

实物黄金投资主要包括金条、金币、黄金首饰等。实物黄金具有避险功能，能够在通货膨胀较严重时或者发生危机时，发挥出天然货币的作用，并且黄金制品还具有纪念意义，颇具收藏价值和纪念价值。

实物黄金的产品形式多种多样，由此产生的投资成本和额外收益也有所不同。其中金交所推出的实物黄金是投资成本最低的选择。现在也有不少商业银行推出自有品牌金条，投资者日后如果想变现，只需要凭借有效身份证件、商品销售单据原件等材料在指定的回购网点办理回购即可。当然，办理回购需要支付一定的手续费。

值得一提的是，我国的“熊猫”金币是世界上公认的五大投资金币，其含量、规格、成色十分稳定，而且是国内金银币产品中贬值最少的一种，每盎司价格比其他同规格的黄金材质高 100~400 元。

（二）黄金 ETF 基金

黄金 ETF 基金是指绝大部分基金财产以黄金为基础资产进行投资，紧密跟踪黄金价格，并在证券交易所上市的开放式基金。目前市场上有不少标的物为黄金或者黄金公司股票的基金产品，投资者买进这样的基金产品，就等于间接投资黄金市场，从而有效分散黄金投资的风险。

黄金 ETF 基金的最大优势为交易成本和交易门槛较低。一般情况下，1 克为一份基金单位，交易单位则为 1 手 1 克黄金，价格大约为 300 元。这便是黄金 ETF 基金的起点交易金额。

不仅如此，黄金 ETF 基金还能与实物黄金挂钩，当投资者将 ETF 积累到一定份额时，便可以申请提取实物黄金。而且黄金 ETF 基金能够出租黄金生息，既能对冲管理成本，也有机会为投资者赢来更多额外收益。

（三）黄金定投

所谓黄金定投，是指每月以确定的资金额度按照上海黄金交易所 AU9 999 的收盘价购买黄金。黄金定投可以为投资者分散风险，这样投资者不用过于在意短期波动。投资者适合在一个相对低点入场，并坚持长期投资。

黄金定投的合同期限最少为一年，当合同到期后，投资者积累的黄金克数就能够按照上海黄金市场价格兑换成现金或者相应克数的黄金制品。

（四）纸黄金

纸黄金又叫账面黄金，是一种个人凭证式黄金，投资者按照银行报价在账面上买卖虚拟黄金，从黄金价格上涨中获得差价收益。因此，纸黄金是通过虚拟交易获得收益，并未对实物黄金投资。

一般来说，纸黄金非常适合黄金投资的入门投资者。首先是因为纸黄金投资的起始门槛比较低，一般商业银行自有品牌的纸黄金业务，只要 10 克就可以投资，而上海黄金交易所最少需要 100 克才可以投资。

另一个原因则是投资非常便捷。投资者只要在商业银行开通贵金属交易账户即可进行交易，而且纸黄金采取全天候不间断的交易模式以及 T+0 的交割方式，为投资者理财提供了充足的时间。

需要注意的是，投资纸黄金与投资实物黄金有所不同，应该随时盯盘关注市场走势，选择最合适的时机出手，以免造成损失。

其实，不同的理财方式对应的风险、知识储备、操作经验都是不同的，投资者在投资黄金时一定要谨慎，选择适合自己的产品，对于小道消息要谨慎对待，不能偏听偏信。

九、债券：一种流动性很强的投资工具

2018 年受经济发展放缓的影响，全球投资者都纷纷放弃投资国债。不过，境外投资者在中国债券市场却拥有越来越大的持仓规模。

摩根士丹利 12 月发布报告显示，2018 年前 10 个月，外国对中国国债的投资达到 790 亿美元，约合人民币 5 447 亿元，中国成为仅次于巴西的第二大新兴债务国，当然，巴西外债占其 GDP 总量高达 74%，而中国外债占 GDP 比例非常低，仅为 15.6%。

中国国债是 2018 年少数获得投资收益的投资标的之一，虽然年底出现了一些小额抛售现象，但在 2019 年对外吸引力并不会降低。

国外投资者之所以对中国国债依然抱有信心，就是对中国债券市场的高性价比感到放心。当前中国利率债的实际收益还算不错，是为数不多的高收益、高评级的债券投资标的国。

债券属于一种债权债务凭证，是政府、金融机构、工商企业等直接向社会借债来筹措资金时，向投资者发行，并保证按照一定利率支付利息和偿还本金的金融契约。

债券的本质是一种法律文书，具有法律效力，投资者与债券发行者之间存在债权债务关系，债券发行人是债务人，而投资者是债权人。

债券是一种有价证券，反映和代表一定的价值。债券本身有一定的面值，是债券投资者投入资金的量化表现。投资者投资债券后，可以按期获得利息。由于债券具有流通性，可以转让，转让债权也就代表将债券所带的权利一并转让给他人。

债券作为一种投资手段，具备哪些优点呢？

（1）安全性特别高。由于债券在发行时要保证到期后支付利息和本金，所以它的收益非常稳定，安全级别也就得到相应提高。尤其是以国家作为担保，风险较低，其安全性和信誉能够得到最大程度的保障。

（2）收益高于银行存款。由于债券利率高于银行存款利率，所以债券投资可以在最稳定的条件下获得高额的利息。

（3）流动性强。债券买卖非常开放，投资者可以随时卖出手中的债券，或

者购买他人的债券，通过买卖债券时的差价来赚取利润。

当然，看完了上面的介绍，大家千万不要以为购买债券进行投资就万无一失了。债券既然属于投资，而我们都知道“投资需谨慎”这句话，所以债券投资也是具有一定风险的。

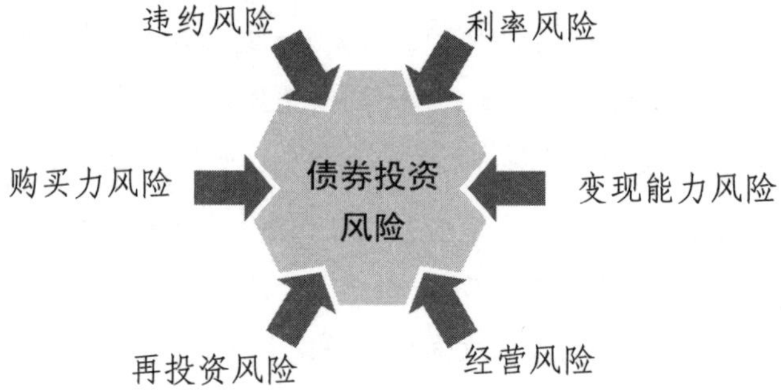

（一）违约风险

违约风险是指债券发行人无法按时支付利息或者偿还本金，给债券投资者带来损失的风险。在所有债券中，国债是由财政部发行，由政府作担保，所以市场认为它是金边债券，不存在违约风险。但除此之外的所有其他债券，都或多或少会存在违约风险。因此，信用评级机构应对债券的违约风险进行评价，真实反映其违约风险的程度。

投资者要想规避违约风险，最直接的办法就是不买质量差的债券。在购买债券之前，投资者要对公司进行仔细了解，把公司的经营情况、以往债券支付情况都了解清楚。在投资债券后也不能放松，应随时关注公司经营状况，以便于在发现市场情况不好时及时做出行动。

由于国债的风险较低，保守型投资者可以选择国债进行投资。

（二）利率风险

债券价格会受到利率的影响，所以即便没有违约风险的国债也会存在利率风险。

投资者要想尽可能地规避利率风险，可以采取长短期配合的方法。如果利率上升，短期投资可以找到高收益的投资机会；如果利率下降，长期投资便能保持高收益。因为利率不会一直下降，长期投资可以保证投资者的心理平稳，在利率上升时弥补之前的损失并获得收益。

（三）购买力风险

购买力风险是债券投资中最常见的一种风险，是指通货膨胀致使货币购买力下降的风险。当经济环境出现通货膨胀时，债券投资的实际利率是票面利率减去通货膨胀率。比如，票面债券利率是10%，通货膨胀率是8%，那么实际利率只有2%。

规避这种风险的办法是分散投资，通过其他投资的高收益来弥补因购买力下降带来的损失。一般情况下，投资者可以将某些资金投资于收益较高的股票、期货等投资方式上，当然，其风险也就随之增加了。

（四）变现能力风险

所谓变现能力风险，是指投资者无法在短期内以合理价格卖掉债券的风险。当投资者遇到一个更好的投资机会时，他本想将目前的债券售出，但在短期内很难找到愿意出合理价格的买主，只有将价格降到很低或者等待很长时间才行。这样一来，不是直接受到损失便是错失更好的投资机会，出现机会成本。

投资者要想规避这类风险，应尽量选择交易活跃的债券，比如国债等。这类债券更易受到他人的认可，易转让。当然，在投资债券时最好也要准备一定的现金，以防出现更好的投资机会却错失良机，况且债券中途转让并不会给投资者带来好的回报。

（五）再投资风险

再投资风险是指投资者在将投资期间获得的利息收入、到期后获得的本息收入以及出售债券时获得的资本收益进行再投资，获得的报酬可能低于购买债券获得的收益。如果再投资时，其利率低于买入债券时确定的利率，投资者就会遭受损失。

要想规避这类风险，投资者就要分散债券的期限，长短期配合。

（六）经营风险

经营风险是指债券发行单位的管理人员和决策人员在经营管理过程中出现失误，导致资产减少，使投资者收益减少。

投资者要想防范这类风险，应该在选择债券时先对公司进行调查，分析其报表，了解其运营情况和信誉状况，然后在收益和风险之间做出权衡。

十、期货：充满风险的金钱游戏

期货与现货相对，它的交易标的不是实实在在的商品，而是以商品或者金融资产为对象的标准化可交易合约。期货投资是在期货交易所买卖标准化的期货合约而进行的一种有组织的交易方式。期货投资在进行交易时，其对象不是商品本身，而是商品的标准化合约，也就是标准化的远期合同。

在期货市场中，大部分交易者买卖的期货合约在到期前能够以对冲的形式了结。换句话说，买进的期货合约，在到期前还可以卖掉；卖出的期货合约，在到期前还可以买进。先买后卖与先卖后买都是可以的。期货交易的目的就是为了转移价格风险或者获取风险利润。

期货市场上存在的投资行为包括期货投机、期货套利，以及套期保值。

（一）期货投机

投机一词在这里并非贬义，而是中性词，是指根据对市场的把握，利用市场出现的价差进行买卖而从中获得利润的交易行为。投机者的目的很明确，就是获得价差利润，但是投机存在风险。

如果投机者做出的买进或卖出判断与市场价格走势一致，投机者在做出平仓交易后便可以获得利润，反之就要承担投机损失。

根据持有期货合约的时间长短，投机交易者可以分为以下三类。

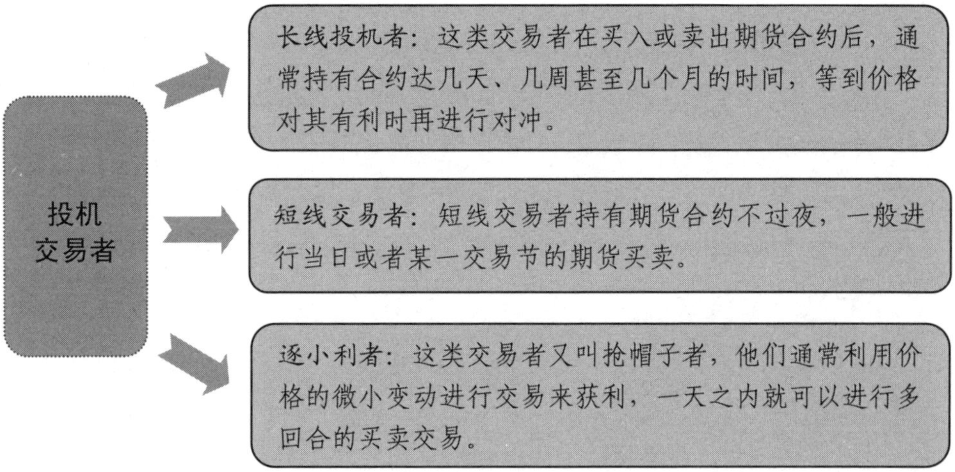

投机交易者是期货市场的重要组成部分，对期货市场的正常运行起到了润滑剂的推动作用。投机交易者激活了期货市场的流动性，也承担了套期保值交易转移的风险。

（二）期货套利

套利也被称为套期图利，是指期货市场参与者利用不同月份、不同市场、不同商品之间的差价，同时买入或卖出不同种类的期货合约来获得利润的交易行为，分为跨月套利、跨市套利和跨商品套利三种类型。

这种交易行为的实施基础在于，同种商品不同交割月份的合约价格是存在差异的，而且同种商品在不同交易所的交易价格也不同。

在期货市场中，如果交易者对套利的季节性和周期性有比较深入的了解和研究，那么套利可能会比单纯的长线交易获利更大，但如果两个合约、两种商品的价格反方向变动，套利的两笔交易就都会亏损，这时套利就变为非常冒险的交易。

（三）套期保值

期货市场的一项基本经济功能就是为现货企业提供价格风险管理机制，将生产者和用户的价格风险转移给投机者。套期保值便是避免价格风险的一种重要手段。

套期保值又叫对冲交易，是现货企业用来抵消现货市场中价格的反向运动的手段，通常是买进或卖出与现货市场交易数量相当但交易方向相反的商品期货合约，等到在未来某一时间再卖出或买进相同的期货合约来对冲平仓，结清期货交易带来的盈利或亏损，从而补偿或抵消现货市场价格变动带来的价格风险或利益，使投机者的收益稳定在一定水平。

套期保值分为卖出套期保值和买入套期保值两种类型。

如果一位现货商在现货市场中拥有一批现货，为了防范商品价格下跌带来的价格风险，他便可以在期货市场中卖出等量的商品合约来套期保值。这样，当现货价格下跌时，他在期货市场中的获利就弥补了现货市场中的损失。这便是卖出套期保值。

如果一位现货商打算购进一批商品，为了防范将来商品价格上涨带来的价格风险，他现在就可以在期货市场中买入等量的商品合约来套期保值。这样，如果价格上涨，他在现货市场中购买商品需要支付更多资金，但他在期货市场中的获利便抵消了现货价格上涨的损失。这便是买入套期保值。

当然，虽然套期保值避免了价格反向运动带来的损失，但它也同时使交易者失去了价格正向变动时可能获得的收益。

对于个人投机者来说，我们在平时的新闻中看到了太多做期货投资亏损过多而出现的悲剧。可见，期货投资是存在很大风险的。那么，投机者要怎样避免这些风险呢？首先就应该看清大势，不要逆势交易，其次在预测失误时要及时通过实际操作尽快止损。

止损就是停止损失，在期货市场上，止损时刻都在发生，在做错交易时，投机者应该及时向市场低头，急流勇退，为自己留下再来一次的机会。

刘海祥是钢材市场的一位贸易商，经营钢材贸易十几年，是某钢厂在广东区的一级代理。刘海祥在现货市场上做得非常成功，而且他对钢材价格的变动有很丰富的经验。

后来，他接触了期货行业，果断投入资金开始期货交易。最开始的时候，因为做的是短线交易，再碰上运气不错，刘海祥获得了一些盈利。这刺激他产生了在期货上进一步赢取暴利的想法。

有一天，刘海祥投入 1 000 万资金，重仓做空螺纹钢。根据当时的行情，这一交易风险很大，但刘海祥自认为他对钢材价格了如指掌。他的懂行的朋友也劝过他，可他一意孤行。无奈之下，他的朋友建议至少在局势不明朗的时候做空也可以，但必须轻仓参与，刘海祥还是不听。

后来钢材价格开始了一波大涨，而刘海祥毫无止损概念，也不听从朋友的建议，仍然固执地持有仓位，最终大部分被强行平仓，后来他心灰意冷，自己平仓了剩下的仓位。经历这一次投资之后，他损失惨重。

可见，期货投资除了需要掌握技巧以外，还要具备平稳的心态，过度自信、侥幸心理都可能为最后的一声叹息埋下伏笔。

十一、外汇：挖掘货币兑换中的“金矿”

外汇投资是指投资者为了获取投资收益，在不同货币间进行兑换的行为。外汇有静态和动态之分。动态的外汇是指以外国货币表示，被各国接受，可用于国际间债权债务结算的各种支付活动；而静态的外汇是指一国拥有的一切以外币表示的资产。一般而言，外汇主要是指其静态含义。

外汇市场的交易双方是通过电子交易系统进行交易的，并非在特定的交易所，由于交易遍布世界各地，时差便将各地的外汇交易营业时间紧密连接，使交易不间断。外汇买卖的是国家的货币，比如美元、日元、欧元、英镑等。

外汇市场具有以下特征。

（1）24 小时交易。因为外汇的交易对象是全球所有的国家，而 24 小时中总有一些国家是在白天上班时间，所以交易的时间连贯性很好，完全由投资者掌控。对于中国炒汇者来说，最活跃的时间段为北京时间 20:00~23:00，这一阶段是休息时间，有大量的交易机会。

（2）公平透明。国际外汇市场成交量巨大，流动性很强，行情数据全部是公开的，不会被任何国家或机构干预行情。而且外汇交易不存在涨跌停不能成交的情况，保证任何时候都能成交。

（3）随买随卖。外汇是 T+0 交易，可以随买随卖，有利可图时便可随时平仓，出现亏损时及时止损，不用害怕被套牢，适合短线交易。

（4）适度杠杆。外汇的保证金有杠杆作用，交 1 000 美元的保证金，杠杆为 100 倍，可以做成 10 万美元的交易。投资者可以根据杠杆比率为自己量身定做适合的风险程度，可见其投资门槛比较低。当然，杠杆的作用也是双向的，利用得好可以迅速获利，利用得不好也容易迅速爆仓亏损。

（5）手续费低。外汇交易只收取成本大约万分之二的手续费，直接和国际银行拿差价，没有中介费，也没有税收，是全球少数不用缴纳增值税和个人所得税的金融产品之一。

（6）外汇监管规范。外汇市场对外汇交易有着严格且完善的监管，所有外汇经纪商都必须具有雄厚的资本，而且要遵循财务制度要求，将投资者的资金单独存放，与平台自身资金隔离开，以保证投资者的资金安全。

外汇交易与其他投资交易的区别见下表。

	外汇	股票	期货	黄金
交易时间	24 小时不停盘	4 小时	4~6 小时	24 小时
交易方向	买涨买跌都可以	只买涨不买跌	买涨买跌都可以	买涨买跌都可以
交易制度	T+0	T+1	T+0	T+0
交易成本	低，约万分之二	高，约千分之三	中等	高，约千分之十六
庄家控制	无庄家	庄家控制	庄家疯狂控制	庄家控制
风险程度	低	中等	高	高

外汇投资的种类非常多，适合普通投资者的外汇投资方式主要有以下几种。

（一）定期外币储蓄

定期外币储蓄是目前投资者最普遍选择的外汇投资方式，这种方式风险低，收益比较稳定，而且具有一定的流动性。外币储蓄和人民币储蓄不同，是可以与其他外币自由兑换的，由于不同外币的储蓄利率不同，汇率又在时刻变动，所以投资者可以根据情况选择合适的外币进行储蓄。

投资者可以利用不同币种间的存款利率差异进行套息交易，比如，日元的一年期定存利率为 0.01%，而澳元一年期定存利率为 1.5%，如果不考虑汇率波动，将日元兑换成澳元以后，利息收入是原来的 150 倍。当然，不同的银行外币存款利率也不太一样，因此在套息交易前应先比较各银行的外币存款利率。

（二）外汇理财产品

与国际市场利率相比，国内美元存款利率仍然较低，但外汇理财产品的收益率与国际市场利率成正相关。现在国内诸多外汇理财产品的期限很短，收益率较高，投资者不仅可以稳定获利，还能使资金保持一定的流动性。

很多银行都推出此类产品，投资者可以根据自己的需要和偏好来选择。

（三）期权型存款

期权型存款的年收益率一般可以达到 10%左右，如果投资者对汇率的变化趋势判断准确，在合适的时机进行操作，便可以获得很高的收益，是一种期限短、收益高且风险不太大的理想的外汇投资方式。不过，与其他外汇理财产品不同的是，期权型存款需要外汇专家的帮助。

（四）外汇汇率投资

进行这项投资时，只要汇率上下波动就可以找准时机获利，非常适合手中拥有外汇的投资者。如果是在境外拥有外汇账户，进行外汇汇率投资时需要外汇专家的帮助。

王伟在进入外汇投资圈以后才发现，原来外汇投资想盈利并没有那么简单。王伟的特点是稍有盈利就想落袋为安，但出现亏损之后完全视而不见。他从不设置止损位，总是期待行情反转。不出所料，不到两个月时间就把投入的一万美元赔完了。

他开始寻找自身的问题，在书籍、论坛上学习投资技巧，也对各种指标和系统进行测试，经过半年的学习，第二次又投入了一万美元，但还是两个月爆仓赔完。

他终于意识到，光靠自己摸索远远不够，于是他开始请教成功的交易员，通过学习交易员的不同交易风格来探索适合自身的交易系统。果然，后来他开始慢慢盈利，并一直非常稳定。

虽然外汇投资的风险与其他投资方式相比较低，但如果盲目投资，也会遭受重大损失。有的外汇投资者看到不同外汇的存款利率不同时，就想要立刻把低息货币换成高息货币，但在做出这一步之前需要先了解外汇走势，看清楚现阶段的汇率水平，如果兑换之后汇率下跌，存款利息自然会减少，这便是投资的损失。有的投资者似乎缺乏足够的风险意识，也喜欢盲目跟风，急功近利，这些都是投资中不可取的。

第十二章

互联网改写经济学了吗?
——网络时代的经济逻辑

随着移动互联网的迅猛发展,互联网在经济活动中的作用显得愈加重要。移动支付、内容电商、互联网金融、社群经济等互联网领域的新生事物陆续涌现,为经济的活跃和发展贡献了巨大的能量。那么,互联网经济模式到底是如何运行的呢?我们在移动互联网时代要如何运用经济学思维才能生活得更好呢?

一、大数据：生产、营销、消费的连接者

大数据到现在已经不再是一个陌生的词语，但在很多人看来距离自己很远，认为是技术人员玩的东西。其实，大数据在我们日常使用的互联网产品中多有体现。

我们在网络新闻媒体上阅读新闻，会留下很多的浏览记录，网络 App 就会根据这些浏览记录来判断我们的阅读需求，然后推荐给我们喜欢阅读的内容。这就是所谓的智能推荐，其基础就是大数据。

当我们出门的时候，可能会借助地图 App，提前了解一下道路的拥堵状况。这一点也跟大数据有关。地图 App 需要采集大量交通数据，对道路的拥堵状况进行跟踪和预测，以及时向用户反馈较好的路线。如果没有大数据的帮助，可能很多时候会被堵在半路上，浪费自己的时间。

当我们网上购物时，看到的“猜你喜欢”也是以大数据为基础的智能推荐。电商 App 会记录我们的购物行为，当我们买了 A 商品后，会向我们推荐与之相关联的 B 商品，而大多数时候正是我们所需要的，这样就大大节省了购物时间，提高了购物效率。

以上介绍的只是大数据对互联网以及日常生活的影响，其实，正如全球知名咨询公司麦肯锡所称：“大数据已经渗透到当今每一个行业和业务职能领域，成为重要的生产要素。人们对于海量数据的挖掘和运用，预示着新一波生产率增长和消费者盈余浪潮的到来。”

实际上大数据早在物理学、生物学、环境生态学、军事、金融、通讯等领域存在多时，只是因为互联网和信息行业的发展才备受瞩目。

大数据不仅使消费者获取服务更方便，也促使企业积极进行信息化转型，很多企业会采用基于大数据技术的云服务产品来代替之前的传统营销工具。

CRM（客户关系管理）便是企业运用大数据技术的营销工具，它能够帮助企业由“以产品为中心”变为“以客户为中心”，让企业及时获知市场信息，迅速应对市场变化，从而更高效地运营，提高经济效益。

一个网络段子十分形象地为我们展示了大数据支持下的 CRM 能为客户提供多么适配的服务。

一家比萨快餐店的外卖电话响了，店长拿起电话接听。

店长：“您好，这里是快入味比萨店。请问有什么需要我为您服务？”

顾客：“你好，我想订一份比萨。”

店长：“请问您是李先生吗？”

顾客：“是啊，你怎么知道？”

店长：“李先生，因为我们的 CRM 系统与通讯运营商对接，您一来电话，我就知道您贵姓了。”

顾客：“哦，好吧。给我来一份海鲜至尊比萨。”

店长：“李先生，不好意思，海鲜至尊比萨恐怕不适合您，建议您另选一份。”

顾客：“为什么让我换一份？”

店长：“我们这里有您的医疗记录，我看到您的血尿酸值偏高，有痛风症状，最好不要食用高嘌呤食物。您可以选择我们店里的招牌比萨，田园蔬菜比萨，美味实惠，低脂健康，您应该会很喜欢。”

顾客：“你怎么知道我会喜欢这种比萨？”

店长：“您上周在网上商城购买了一本低脂食谱书，上面就有这款比萨的菜谱。”

顾客：“那好吧，我要这一款的特大号家庭套餐比萨，需要多少钱？”

店长：“100 元。这一款家庭套餐比萨足够您一家五口人吃了，而且您母亲上个月刚做了心脏搭桥手术，正处于恢复期，应该少吃。”

顾客：“好的，我到时候刷卡支付吧。”

店长：“不好意思，李先生。您还是付现金吧。因为您的信用卡早已刷爆，欠银行的钱还没有还上。”

顾客：“好吧，那你们给我送家里来吧，多久能到？”

店长：“大概需要 30 分钟，我建议您自取。”

顾客：“为什么？”

店长：“我看到您家距离我们店只有 5 分钟的车程，您名下也拥有一辆轿车，在您家附近不到 2 分钟步行距离。您可以拿上现金开车到店里来取，大概花您 10 分钟的时间，这样比萨也正好出炉。您总共只需花 15 分钟就可以把比萨带回家，比我们送货上门还要快。”

顾客被店长的细致周到的服务惊讶得差点儿晕倒。

从这个段子中我们可以看出，大数据其实一直存在，只是以前没有特别方便、快捷的工具，这些数据未被完整记录下来，或者记录下来之后分散开了，使其很难被搜索到。不断发展的互联网信息技术使得这些数据在一瞬间被记录、集成与互通，变得大而全，并由此衍生出变化多端的应用方式。

大数据应用能够有效提升供需双方的匹配效率。对于供应链来说，大数据能够帮助不同的生产单元找到成本、效率最合适的匹配关系，而对于用户和消费来说，大数据的最主要应用场景则是营销领域。

毫无疑问，大数据作为一种全新的生产要素，有力地促进了企业成长和经济增长，非常深刻地影响了经济学领域。

二、VR/AR 将会是下一个热点吗？

VR 和 AR 是一种十分酷炫的新媒介技术，为人们带来了全新的信息呈现方式，也带来了更多更有趣的互动体验，其中蕴含着巨大的营销传播价值。

VR 指的是虚拟现实技术，是一种可以创建和体验虚拟世界的计算机仿真系统，其仿真程度可以让用户沉浸在环境中，获得极佳的体验。只不过 VR 技术在目前并未得到大面积的普及，2018 年第一季度仅售出 120 万台 VR 设备，这与当初的 2020 年售出 4 560 万台设备的预期差距太大。

因为 VR 最吸引人的还是其完全沉浸化的虚拟体验，而现在 VR 内容看起来相当古老，普通用户无法获得高质量内容，现在 VR 更多见于医学或者设计可视化等专业领域。

要想让 VR 更大幅度地发展，其软件和硬件设备应当协同开发。但如今 VR 硬件设备发展速度加快，而软件稍慢，这使得软件不适配最新的硬件设备。

AR 技术，即增强现实技术，是指在屏幕上将虚拟影像套在现实世界中，并使两者并行互动的技术。与 VR 技术相比，AR 技术的发展速度越来越快，预计在未来几年内会大幅超越 VR，原因有以下几点。

（一）移动设备的推动

移动设备是推动 AR 热潮的秘密武器。由于 AR 在手机以及平板电脑上更易普及，使它比 VR 更易于使用。得益于众多 AR 开发工具，AR 目前已经在 5 亿台设备上登陆，AR 应用程序也越来越多，其主要的应用领域是游戏，比如此前大获成功的《口袋妖怪 Go》。

（二）AR 技术已经用于广告营销

到目前为止，已经有很多品牌利用 AR 技术进行广告营销，为消费者提供完全个性化的体验，从而使消费者想象出产品完全融入个人生活后的样子，这有助于提高消费者参与度和品牌认知度。

宜家在 2017 年秋季推出了一款 AR 应用，用户通过该应用可以看到宜家的家具布置在自己家中的样子。这一应用彻底改变了宜家用户的购买体验。

到 2018 年 6 月，宜家虽然没有公布这一应用对销售的影响数据，但该应用的下载量在苹果 ARkite 应用的排名十分靠前，这就说明用户对这类应用十分感兴趣，以后可能会有越来越多的零售商应用这一技术来进行广告营销。

（三）AR 助力制造业

AR 在制造业的普及率也在不断攀升，它为用户提供“数据到人机界面”的传输，使用户看到具有丰富数据集的世界。

其中，工业 AR 平台是 AR 软件的一个新兴领域，是专门用来帮助制造业发展的。它不仅可以帮助工作人员获得可视化数据集，还能帮助从事体力劳动工作。比如，工作人员在修理零件时，AR 内容可以覆盖到待修理产品上，工作人员可以清晰地看到修理后的最终效果。

（四）AR 助力医疗保健行业

在医学领域，AR 技术能够呈现出病人体内的实时情况，使医生更准确地定位手术病患部位，从而提高手术的安全性和成功率。

虽然我们预测 AR 将会很快超越 VR，但两者的未来是相互联系的。开发人员一直在研发 VR，而且为企业和消费者带来了巨大的利益。比如，某电商平台与品牌合作，推出了 VR 微电影，用户可以通过 VR 变身为电影中的女主角，与男主角亲密互动。这次 VR 微电影的播放量达到该电商平台直播以来的历史最高纪录，帮助合作品牌提升销量 8 倍多。

其实，VR 技术从 20 世纪 50 年代就开始不断更新，而 AR 技术是 20 世纪 90 年代才出现。可以这么说，AR 技术脱胎于 VR 技术，而且会从 VR 的发展中受益。与此同时，AR 的自主研发已经启动，使其变得更易携带，在未来几年内，可以预见的是，AR 会比 VR 有更好的发展。

三、电子商务：以互联网为媒介的商贸活动

电子商务是指以信息网络技术为手段，以商品交换为中心的商务活动。买卖双方可以在网络环境下不谋面地进行商贸活动，实现消费者网上购物、商户之间网上交易、在线电子支付以及各种商务、交易、金融活动和各种相关的综合性服务活动。

电子商务的构成要素主要有以下四点。

交易平台

交易平台指的是第三方电子商务平台，如淘宝、京东商城等。

平台经营者

第三方交易平台的经营者为在工商行政管理部门登记注册并领取营业执照的自然人、法人和其他组织。

站内经营者

站内经营者是指在第三方交易平台上从事交易或者其他服务活动的自然人、法人和其他组织，如淘宝的卖家，京东商城的入驻商家等。

支付系统

由提供支付清算服务的中介机构和实现支付指令传送及资金清算的专业技术手段共同组成，以实现债权债务清偿以及资金转移的一种金融安排，如支付宝等。

电子商务分很多类，其中最为人们所熟知的有B2B、B2C、C2C、O2O等。

（一）B2B

B2B是Business-to-Business的缩写，指的是企业与企业之间通过互联网进行数据交换和传递，以此来开展交易活动的商业模式。其中最著名的就是阿里巴巴了，它是国内B2B平台的行业老大，也是全球B2B电子商务的著名品牌。

（二）B2C

B2C是Business-to-Customer的缩写，是企业直接面向消费者销售产品和服务的一种商业零售模式。在国内，最典型的是天猫商城和京东商城。网络商城可以为消费者提供在线购物场所，并为其进行商品配送，而且商品种类非常齐全，属于一站式购物，再加上客户评价机制对商家服务态度的调节，能为消费者提供良好的购物体验。双十一购物狂欢节的主要交易场景就是通过B2C实现的。

2018年双十一当天，天猫商城的成交额达2 135亿元，比去年同期的1 682亿元差不多要超出500亿元。下面是创造纪录的各个时间点。

0:02:05——成交额突破100亿；

1:47:52——成交额突破1 000亿；

12:08:40——成交额突破1 500亿；

15:49:39——成交额超过去年的1 682亿；

24:00:00——成交额最终定格在2 135亿元。

（三）C2C

C2C是Customer-to-Customer或者Consumer-to-Consumer的缩写，是指个人与个人之间的电子商务活动。比如，某消费者有一部旧手机，他通过网络进行交易，把它出售给另外一个消费者，这种交易类型就是C2C。

C2C最典型的是淘宝网，但最近也出现了很多二手交易平台，如闲鱼、转转，将个人闲置物品出让，使几近于废弃的资源重新活跃起来，这一类电商平台也属于C2C。

（四）O2O

O2O是Online-to-Offline的缩写，是指将线下的商务机会与互联网结合，使互联网成为线下交易的平台。到目前为止，O2O 已经升级为服务性电商模式，将之前简单的电商模块转移到更加高频的生活化场景中，使传统的服务行业焕发出新生机，如餐饮外卖、私人订制、网络打车等。

电子商务使各个交易者的距离缩短，交易的机会变得更多，提升了国内的消费力水平，同时也增加了就业。不难想象，未来的电商市场会越来越大，将会为国内的经济发展做出更大的贡献。

四、什么是互联网金融？解读六种互金模式

互联网金融是指传统金融机构与互联网企业利用互联网技术和信息通信技术实现资金融通、支付、投资和信息中介服务的新型金融业务模式。互联网金融之所以能够诞生和蓬勃发展，主要有以下两点原因。

（1）降低了交易成本。互联网金融平台大大减少了线下物理网点和人工服务，而且具有去中心化趋势，能够缩短金融链条，消除不必要的中间成本。这两点都使金融交易成本大为降低。

（2）降低了信息不对称的程度。在互联网时代，信息传播更为迅速，范围也更广，人们可以方便快捷地获知全方位的信息。利用大数据技术，平台处理信息的能力有了很大提升，可以综合分析资金需求方、投资方以及宏观经济的情况，提高了风险定价和风险管理的效率，使信息不对称的程度大为降低。

目前，互联网金融有以下六种常见模式。

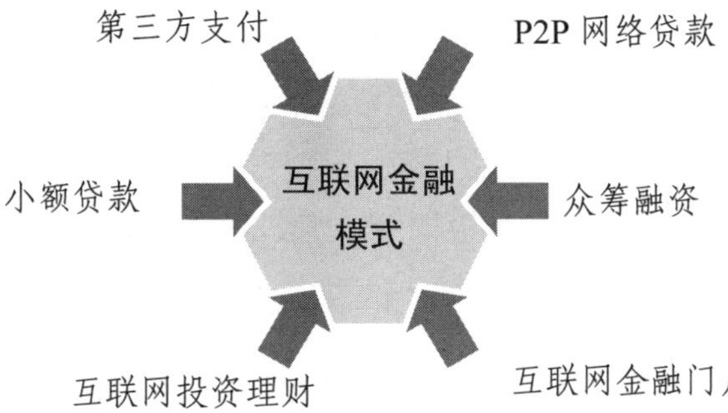

（一）第三方支付

第三方支付是指具有一定实力和信誉保障的公司，通过将自己的交易支持

平台与银行支付结算系统对接，让买方的资金暂存平台，等到买方收到货物后，平台再将款项转至卖方账户。

第三方支付平台本来是为了解决交易过程中的信任问题，承担的是中介保障责任。不过，第三方支付发展至今，尤其是移动支付的出现，使第三方支付行为不仅解决了信任问题，还解决了支付便捷性问题。

第三方支付市场中，移动支付领域的支付宝和财付通两家独大，占据90%以上的市场份额；而在PC端互联网支付中，除了支付宝和财付通以外，银联商务、汇付天下等支付企业也在积极发挥自身优势，进一步占领细分领域。

（二）P2P网络贷款

P2P网络贷款是个人通过P2P网络贷款平台，向其他个人提供小额贷款并收取一定利息的金融模式。

一般情况下，有借款意愿的人在平台上发布融资信息，寻找有贷款意愿的人进行贷款，而平台在这一过程中充当中间人，为双方的信息沟通和资金融通起到搭桥作用。

P2P网络贷款的借款者大多是被传统金融市场排斥的个体商户或小微企业，当他们缺乏资金时，无法从传统金融市场获得融资服务，这时P2P网络贷款的出现正好填补了这一缺口。可以说，P2P网络贷款是对传统金融的有益补充，使金融行业的服务范围更加广泛。

当然，个体商户和小微企业的偿还能力十分有限，所以贷款风险很大，因此P2P网络贷款隐藏着十分巨大的风险，加上缺乏有效监管，平台跑路现象层出不穷。P2P网络贷款要想更好地发展，就需要增强信息甄别能力，建立起针对个体商户和小微企业的信用评价体系，筛选合格的借款者，降低信用风险。

（三）小额贷款

小额贷款是指向低收入人群、小微企业提供的小额度融资服务，一般资金额度在1~20万元。在互联网金融服务中，互联网金融企业会根据采集到的用户信息建立信用体系，并依据用户的信用评分为其提供相应金额的融资服务。

互联网小额贷款中，最典型的是阿里小贷和京东白条，他们手里掌握着无数物流、资金流等数据信息，不断通过云计算对这些信息进行实时处理分析，然后再根据构建的信用评分系统、金融风险评估和控制模型，对用户进行信用评分并发放贷款。

（四）众筹融资

众筹融资是指以众筹平台为依托，融资需求方向广大网友募集项目资金，对项目感兴趣且有能力投资的人便可以对项目进行投资。

众筹充分利用互联网和 SNS 传播的特性，让小企业、艺术家或者个人展示创意，吸引大家关注和支持，从而获得需要的资金支持。与传统的融资方式相比，众筹显得更加开放，而且能否获得融资也不再仅仅根据项目的商业价值，而是项目的创意和受网友喜爱的程度。因此，众筹融资为小本经营者和创作者提供了无限的遐想与可能。

不过，我国现阶段的众筹融资发展十分缓慢，主要是由于众筹项目创意欠佳，致使投资者投资意愿不高，没有办法形成客户规模。

（五）互联网投资理财

一般来说，个人、家庭或者企业对资产进行管理和分配的方式主要有储蓄、债券、基金、股票、期货、保险等，其目的主要是为了保值增值。在传统的金融市场，投资理财一直是非常重要的组成部分，而互联网投资理财与其目的相同，主要是通过互联网方式对投资理财进行重新优化。

互联网投资理财的优点有以下两点。

（1）降低了投资理财的门槛，甚至可以“一元理财”，使投资理财工具平民化。

（2）投资理财程序更为简化，操作更加便捷，在之前进行投资理财必须到银行柜台办理服务手续，现在转移到互联网平台上，突破了时间和空间的限制。

（六）互联网金融门户

互联网金融门户的核心模式为“搜索+比价”，门户网站上集合了各金融机构的产品或服务，让用户自主搜索和对比，“货比三家”，垂直比价，从而挑选出适合自己的金融产品。

互联网金融门户使用户相对于金融机构的信息劣势得到了改善，降低了金融机构和用户之间的信息不对称程度。

当然，互联网金融行业以后还会发展，可能还会有新的模式不断涌现，互联网金融的未来仍旧充满着无限想象。

五、互联网时代，看社群经济如何改变商业

大V店是一家母婴电商，是社群电商成功案例中的佼佼者。大V店以亲子阅读为切入点，进行社群的体系化管理，通过帮助宝妈开店创业挣钱获取佣金的模式，快速成长为一个社群生态平台，到目前为止已经拥有数百万活跃妈妈用户。

大V店的创始人吴方华认为，尽管电商领域有阿里和京东两座大山，但基于“推荐”的电商还有很大希望。吴方华敏锐地观察到，宝妈们特别爱分享孩子生活的点点滴滴，经常和其他妈妈互相交流，对其他妈妈推荐的产品也都非常喜欢，因此，母婴电商领域有很大的发展空间，在基于人群的推荐方面具有天然优势。而且很多全职妈妈们也想要为家庭分担一些经济压力，大V店便鼓励宝妈们自己创业开店。

在社群管理方面，大V店逐步用工具和App实现了产品化，另外还以地域为划分标准，建立了涵盖全国所有省份的“V友会”。V友会选拔出意见领袖，负责V友会的日常管理工作。2016年，大V店开启了“妈妈加油站”，评选出影响力突出的妈妈作为站长，鼓励她们组织线下活动。这一方式满足了宝妈的个人社交需求，也帮助她们实现了自我价值。

大V店通过强互动增进了用户之间的情感联系，并通过高频传播高质内容促进了销售的提升。

社群是社交群体的简称，是指在互联网自媒体兴起时，某些具有共同信念、价值观和生活习惯、兴趣爱好的人群集合。社群经济是指这些人抱成团，在一起互动、交流、写作、感染，形成群蜂效应，对产品品牌本身产生反哺作用的一种经济模式。

随着互联网经济不断发展，互联网信息越来越碎片化，用户难以对海量信息做出选择，甚至感到无所适从，因此，企业通过建立自主的内容渠道，专注吸引一批有粘性的精准消费者，成为该领域的意见领袖。

社群经济与粉丝经济的区别在于互动。粉丝经济是以某个点为中心，所有

人围绕这个点展开交流的明星式经济。粉丝经济环境下，只有发起人能够和粉丝互动，而粉丝想和发起人互动是很难的，属于一种单向交流，比如微信公众号、微博明星发帖等。

社群经济是以产品为导向，以用户为中心的关系营销，发起人与用户、用户与用户之间都可以自由互动交流，比如微信群、QQ 群、微博群、兴趣部落等。

当然，组成社群的用户也需要获得一定的利益，这是形成社群的原动力。社群不是用户大范围之间的连接，只是小面积的集中连接，侧重于小圈子，对其他圈子有排斥性。社群建立以后，用户之间围绕某个话题展开讨论，有时会将内容细分，产生更小众的话题，由此产生更多主题社群。社群交流必须是实时互动的，每个人在获取了新信息之后都要主动分享，让社群实时更新，能够与时俱进。

由以上几点可知，社群经济有以下五种特征。

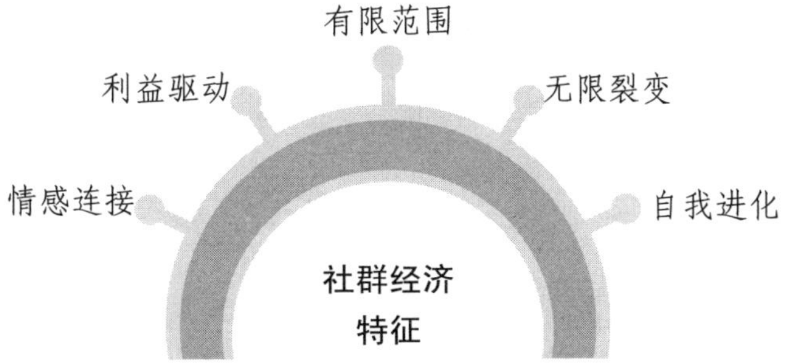

在社群经济下，社群主要分为三种类型，分别是聊天社群、论坛社群和“老师”社群。

聊天社群主要有 QQ 群、微信群等，主要功能是互相交流信息，分享内容。这类社群的特点是最开始创建时比较活跃，大家热情交流，但一旦广告出来之后，管理员开始屏蔽广告，之后这个社群基本就死掉了。因此，聊天类社群主要用来做案例分享、运营复盘、开多媒体形式的发布会等。

论坛社群主要有天涯论坛、百度贴吧、兴趣部落、微博话题、豆瓣小组、手机淘宝圈子等，基本的产品形态就是论坛形式，采用管理员制度、积分制度、等级制度等，促使用户日常打卡，形成用户黏性。这类社群的运营特点是“内容靠情感，活动靠诱惑”，发布一些社群用户喜爱的内容形式，在组织活动时提供一些奖励，提高用户活跃度。

“老师”社群主要有逻辑思维、混沌研习社、黑马创业营、吴晓波财经频道等。这类社群用户主要是为了意见领袖或者某项技能而集结在一起，希望能学到知识，积累人脉。这类社群的存在基础便是牛人和干货，牛人越多，干货越多，社群的存在价值就越大。在运营这类社群时，意见领袖一定要时常分享垂直领域的干货，并与线下活动对接，尝试变现盈利。

不得不说，社群经济更加完善了粉丝经济和体验经济，使其得到深化和延伸，通过满足用户的心理诉求和情感体验来增强社群黏性，与此同时打通融合线上线下，为企业大幅度降低了商业渠道成本。

六、众筹营销，新兴企业+定制产品的营销策略

“众筹生在互联网下，长在夹缝中，活在金融里，走在融资前沿。”虽然众筹的发展时间较短，还不够成熟，但火爆程度是人所共知的。这股起源于互联网金融的飓风席卷了各行各业，似乎任何新鲜创意都可以成为众筹的对象，以至于用众筹概念做营销成为一种潮流。

那么，众筹到底有哪些优势呢？

（1）众筹可以有效地整合各种社会资源，通过第三方平台连接发起人和投资人，扩大社交圈子，并且打破了信任壁垒，解决了信任问题。

（2）众筹之所以能有效整合资源，最根本原因在于调动了投资者的参与感。众筹将跨区域、跨行业的资源整合在一起，通过参与感激发了消费者释放资源的动力，让他们能够见证产品研发、宣传、销售和售后的每一个环节，这是一个非常彻底的参与方式。

（3）众筹减少了中间环节，通过预售降低了资金和库存风险。

从以上三点优势来看，众筹营销十分适合新兴企业和深度定制产品。众筹模式让投资者具有一定程度的发言权，这也决定了众筹产品是满足某类人的小众产品。不过，小众化能够成功也会给中小企业和新兴企业带来巨大的良性影响和销售业绩。

这就决定 B2B 产品、大额募集资金的项目以及研发时间较长且复杂浩大的项目不适合众筹模式。

那么，企业应如何进行众筹营销，挖掘消费者的真正需求，从而使企业成功拓展市场呢？

（一）预热造势，引爆产品

在产品众筹上线之前，不能悄无声息地等待，而是积极地先向消费者宣传，告知他们即将有一款令他们十分喜爱的产品面世。企业要将产品的优点、上线的时间和地点通通告诉消费者。

调查发现，大多数众筹项目在第一周募集到的资金占比为70%以上，这就表明众筹的第一周起着十分重要的作用。因此，企业要将全部资源投入在众筹启动的第一周，以此来引爆产品的知名度，使更多消费者关注、了解和参与到这一项目中。

（二）抓住消费者痛点引发参与

企业先构建起让消费者非常满意和愉悦的兴奋点，然后制造出一个痛点，使其产生不购买会后悔的心理，以此来激发其购买欲望，实现企业的营销目的。

（三）用高性价比攫取用户心智

互联网产品如果价格十分昂贵，肯定会使大多数消费者避而远之。只有当产品具有超高性价比时，消费者才会关注并感兴趣。

2018年12月26日，小米生态链发布了米家电暖器，售价为349元，众筹期间只售299元，性价比超高。这款电暖器与传统的辐射式电暖器相比，有着加热迅速、低干燥感的优势，用户在使用时会更加舒适。目前，米家电暖器已经开启众筹，除了线上众筹渠道外，线下的小米之家、小米授权店以及直营专营店都同步开启，到店参与者都能享受到众筹价格。

（四）加强口碑宣传

众筹前期的预热宣传固然重要，后续的口碑维护也不能忽视。通过向目标受众及时传播众筹进度、专家的产品评测、用户的体验感想等信息，会促使更多人关注到众筹项目中。

众筹上还有很多意见领袖，如果产品能够打动他们的心，会对产品的宣传推广非常有帮助。因此，企业要在众筹平台上收集更多用户的意见，及时改进产品，在产品上市之前积极面向意见领袖进行预热宣传，拉拢他们，让他们主动为产品代言。

（五）全面激发众筹项目投资者的参与感

众筹之所以能够在国内快速流行起来，除了新鲜的融资方式，本质上还是参与感的驱动。每个人都对自己感兴趣的事物才会有参与的动力，如果项目缺乏参与感，自然也就没有太多兴趣玩下去。

（六）众筹发起人或者众筹平台应具有公信力

众筹毕竟是一种融资方式，这涉及到投资者对众筹项目的信任问题，因此，众筹平台必须具有一定的公信力和知名度，而且项目发起人也应该具有知名度和公信力。

由于众筹发展得越来越好，目前早已不再是小企业的专属，一些知名企业也已经纷纷启动众筹项目，以此来为新产品做测试，宣传营销。

当然，由于众筹的发展时间还很短，远不够成熟，现在也面临着很多困难和挑战。因此，能否打破企业发展瓶颈，解决企业盈利困局，帮助企业走得更远，决定了众筹营销模式能否走得更远。

七、网红经济究竟能“红”多久

2018 年 6 月 19 日，微博主办的“2018 超级红人节”邀请了数百名业内知名红人和顶级 MCN 机构，共同探讨网络红人的发展趋势。

活动期间，艾瑞与微博联合发布了《2018 中国网红经济发展洞察报告》。报告显示，截止到 2018 年 5 月，中国网红粉丝总人数已经达 5.88 亿，其中有 53.9%的粉丝年龄在 25 岁以下。与微博展开合作的 MCN 机构也已经达到 1917 家，比去年增长 2 倍多，覆盖的垂直领域有 53 个。这一年的网红经济规模将突破 2 万亿元。

随着互联网信息技术的不断发展，一大批自媒体人开始崭露头角，网络红人也开始获得巨大的流量，并且增长速度逐年攀高。到现在

网红脸已经成为左右社会审美的一种新定义。

网红的巨大影响可以通过一则调查来体现。某调查结果显示，在95后群体中，超过54%的人想成为网络主播或网红。网红在新一代年轻人中间的影响力可见一斑。

不仅网络红人享受到了网红经济的红利，就连线下的实体店也受到网红经济的助推。只要在网络上有足够的讨论度和影响力，年轻群体就会到线下实体店购买网红包、吃网红食物、在网红店打卡，甚至成为他们日常社交中必不可少的事情，微博、抖音等App中存在着很多打卡博文、图片和视频。毫无疑问，网红经济带来的流量红利让商家尝到了不少甜头。

董明珠在“2018让世界爱上中国造”高峰论坛上发表演讲时曾承认自己也是网红，还说很多人骂她是网红，天天没事干。她回应道：“我要是不做网红，不公开发声，格力就要被收购。”

由此可见，不管是大企业的掌舵人还是新兴企业的创业者，似乎都对“网红”两个字非常认可。

网红经济的兴起从根本上来源于社会发展到一定阶段，人们在信息碎片化时代对泛娱乐化生活需求的不断增长。

2016年被称为网红元年，直播、短视频等平台迅速崛起，成为了既微博之后的商家流量必争之地，也让网络红人乘着前期红利的风口迅速获利。正好2016年是电商经济出现质的飞跃的一年，网红自带的流量被电商平台看中，于是网红电商不断发展，甚至很多网红店的销售额一度超越国际大牌，收入超越一线明星。

不过，网红经济也存在诸多弊端，比如内容同质化。当Papi酱爆火之后，网络平台上迅速出现一大批变速+搞怪视频；抖音的推荐视频也开始出现同质化倾向，逐渐使网友出现审美疲劳。线下的网红店也是如此，在一开始还可能图新鲜感，但千篇一律的东西会很快消耗消费者的耐心，容易使他们出现厌倦感。

况且很多网红是依靠营销炒作、外表包装等手段火起来的，形式大于内容，没有什么内涵，所以在短时间获得巨大流量并变现之后会很快被替代。

随着互联网下半场的到来，流量红利已经见顶，并逐渐消失。在产品上，用户体验逐渐成为影响品牌地位的因素之一，而在网红方面，如果不能持续性地进行优质内容输出，以创新为己任，被淡忘是迟早的事情。

第十三章

用经济学解读人际交往——有趣的交友经济学

无处不经济，交友也不例外。当我们在与他人打交道时，不管是个人友情，还是商业合作，交友方面的投入都不能过于吝啬。虽然金钱不能代表友谊，但对待金钱的态度能让人知悉其品行，对建立起的情感关系起着巩固或削弱的作用。那么，我们在与他人打交道时要如何正确处理呢？怎样处理金钱上的来往呢？

一、“请客”与“AA 制”，你更喜欢哪一个？

AA 制是指每个人平均分担所需费用，主要用于聚会用餐或者旅游等活动场合。AA 是“Algebraic Average”或者“Acting Appointment”的缩写。

16~17 世纪时，荷兰和威尼斯的海上贸易非常发达，意大利人和荷兰人终日奔波，后来衍生出聚时交流信息、散时各自付费的习俗。因为商品流动性很强，散席之后再次见面遥无定期，为了让每个人都不吃亏，彼此分摊费用便是再好不过的选择了。由于荷兰人非常精明，每一件事都要分清楚，美国人便衍生出一句“让我们做荷兰人”这样的俗语，引申为“AA 制”。

AA 制看似是西方人的发明，但实际上中国人从古代以来就有自己的 AA 制，正是那句“礼尚往来”。“礼尚往来。往而不来，非礼也；来而不往，亦非礼也。”中国是一个人情社会，讲究礼尚往来是非常普遍的现象。

不过，中国式的 AA 制类似于期货，并非每一次结算都是大家各自平摊，而是中间有个时间差，讲究轮流做东。如果谁违反了这一准则，朋友关系就可能会出现问题。

AA 制在西方流行了几个世纪，但在中国似乎一直水土不服，因为主动提出 AA 制会伤了面子，而礼尚往来式的 AA 制适应了中国人好面子、讲人情的文化习俗，大家在你来我往的交换中，融洽了关系，加深了情谊，渗透着儒家的“礼”文化。

其实，现在的不少年轻人已经接受了西方的 AA 制，甚至不少年轻夫妇实行 AA 制生活，小两口的工资各自管理，债务各自负担，有助于夫妻双方树立自尊、自爱、自立自强的思想。

其实我们不必拒绝 AA 制，大家事先定好规则，一起遵守也挺好的，可以避免那些为抢着买单而动手打架的现象。根据自己的经济实力消费，不占别人的便宜，也不用担心花钱多了自己吃亏。

二、边际递减效应：为什么锦上添花不如雪中送炭？

边际递减效应本是经济学术语，指的是在其他条件不变的情况下，如果一种要素持续不断地等量投入，增加到一定产值后，要素增加所带来的产品增量会下降。涉及消费者方面，当消费者消费某一物品的总数量越来越多时，其新增一单位的商品所产生的效用一般会越来越少。

200多年以前，亚当·斯密提出著名的“为什么钻石比水贵”的价值悖论。因为水对人类的价值之大是人所共知的，没有水人就会死亡。而钻石只是个首饰，没有它也没什么。其实，用边际递减效应的理论来解释就能理解了。因为我们在生活中用的水很多，最后一滴水带来的边际效用是微不足道的，而钻石的价值虽然不如水大，但因为购买钻石的数量极少，它的边际效用就显得很大。

德国经济学家戈森提出了一个与享乐有关的边际递减效应：同一享乐不断重复，人所感知到的享受便越来越少。

其实，在人际交往方面也存在边际递减效应。比如，谈恋爱的男女双方在一开始总是你侬我侬，分别时难舍难分，可在一起久了就可能变得无话可说，感情越来越淡，婚姻中的七年之痒也是同理。这是因为，在一起久了，对对方越来越熟悉，神秘感和新鲜感不断减少。

避免这种危险处境的方法就是改变相处模式，把惯有的相处套路打破，在生活中一起寻找惊喜，使感情的边际效用增加。

同样的道理，在为人处世上，帮助朋友或者同事时一定不能做老好人，做的好事太多，对方除了碍于人情觉得不便之外，可能也会渐渐觉得接受你的好是理所当然，你之后做得再好也不会受到对方的称赞了，好事的边际效用越来越小，甚至可能会因为帮忙时出些小错而遭到埋怨。

锦上添花固然不错，但由于对方没有迫切的需求，我们的帮助不会给对方留下太深刻的印象；而雪中送炭则是在对方有迫切需求的情况下提供帮助，无异于在沙漠中提供救命之水，此时的关爱和帮助足以使对方刻骨铭心，从而加深彼此的友谊。

三、“吃亏是福”的经济学解释：长期投资，终见回报

长期投资是指不准备随时变现，不满足短期投资条件，投资时间超过 1 年的投资。在与人交往时，吃亏便是一种投入，不仅是指在时间和精力上面的付出，也包括为对方的利益考虑。

李嘉诚在商业领域做人做事的哲学值得人们学习。他对自己的儿子说，如果和他人合作，假如拿 7 分合理，8 分也可以，那我们拿 6 分就足够了。

李嘉诚这么做的原因正是“吃亏是福”。他表面上让自己吃亏，让别人多赚了 2 分，这样会有更多的人知道与他合作的好处，于是就会有越来越多的人想要和他合作。虽然他只拿了 6 分，但合作的人一多，收益肯定会更多。

成大事者不惜小费，他们不会紧盯着眼前的一点儿小利益，而放弃长远的更大的利益。

其实不止商业领域如此，在平时与朋友或者同事交往时，懂得“吃亏是福”是一种长远的情感投资，就一定能从吃亏中获得不小的福报。这就要求我们具备宽容和忍让的豁达心态，心平气和地对待吃亏，表现出自己的大度，这往往容易获得别人的青睐。

正所谓付出多少，得到多少，或许我们的投入没有在短时间内得到相应的回报，但也不要气馁，应该坚持多付出一点儿，以后回报可能在不经意间以出人意料的方式出现。可能我们获得的回报不是来自于接受我们帮助的人，而是来自于其他人，这也算是一种间接形式的回报。

一分耕耘一分收获，我们理应要求获得回报，但如果主动索取，自己的付出也就变了质，这一点对于职场新人来说尤其严重。作为职场新人，为同事干一些力所能及的小事，解决一些工作上的小问题，一点一滴的积累能为自己成为职场达人添砖加瓦。当我们在职场上变得人见人爱时，进步和提升自然就容易得多。

当然，主动付出过犹不及，如果付出过了头，让同事或朋友觉得理所当然，又会产生吃力不要好的后果，所以在付出时要把握好度，坚持自己的主见，不做被他人指使的“木偶”。

从严格意义上来讲，吃亏不是“牺牲”，而是隐性投资。这种投资可以获得

回报，而且比普通的投资回报率更高！

四、250 定律：别得罪任何一个人

250 定律是由美国著名推销员乔·吉拉德在销售过程中总结出来的规律。乔·吉拉德认为，每一位顾客身后大概有 250 名亲朋好友。如果赢得了这位顾客的好感，也就意味着获得了另外 250 个人的好感；反之，如果得罪了这位顾客，也就意味着得罪了另外 250 名顾客。

250 定律有力地论证了“顾客就是上帝”的真谛。因此，在任何情况下都不要得罪任何一位顾客。

在乔·吉拉德的销售生涯中，他每天都把 250 定律记在心里，以生意至上的态度时刻控制自己的情绪，不会因为顾客的刁难或者不喜欢对方而怠慢他们。乔·吉拉德有一句话说得好：“你只要赶走一位顾客，就等于赶走了潜在的 250 位顾客。”

在生活中，我们在不同阶段会认识不同的人。在大学时，我们与同学、朋友相处得不错，而毕业后，大家就各自天南海北，慢慢也就失去了联系。等到工作稳定之后，我们又认识了同事，有了新的朋友圈子，但随着工作调动，彼此又失去联系。就这样，由于我们不断换环境，不断认识新人，可我们的圈子一直那么小，好像不曾变大过。这主要是因为我们不善于积累，不懂得交际，没有和不同阶段的人经常保持联系。如果我们做到与不同阶段的人一直保持联系，就会发现自己的生活圈原来也很大。

根据 250 定律我们就可以知道，搞好人际关系非常重要，意味着我们认识一个人，就等于又多认识了 250 个人。如果我们把握住机会，真诚相待，不断联系，我们的生活交际圈会越来越大。

250 定律符合哲学中“万事万物处于普遍联系和相互作用之中”的规律，这就要求我们做人要讲诚信，如果损害别人的利益，也就等于在损害自己的利益。为了一己私利，玩弄手段，设置圈套蒙骗人，必然会被识破，然后“一传十，十传百”，名声扫地，臭名远扬，到时候没有人再愿意与我们交往，可谓“搬起石头砸了自己的脚”。

出门靠朋友，朋友多了，有些问题就不再是问题。所以说，真诚待人，保持联系，维持好人际关系，其实也是一笔人生财富。

五、随份子经济学：怎样随份子才能不闹心？

份子钱对我们来说一定不陌生，随着同学、朋友陆续步入婚姻，份子钱也是一笔不小的开支。

对于很多人来说，结婚面临巨大的经济压力，如果一次性承担结婚的各种费用，很多人可能会不堪重负，而份子钱多少会减轻一些身上的经济压力，帮助他们度过眼前的难关。假如结婚早，收到的份子钱就相当于按揭贷款，以后朋友或同事结婚时就要分期归还；假如结婚晚，送出去的份子钱就相当于积攒的结婚基金，结婚时一次性领取，但加上通货膨胀和经济增长因素，可能还会有一些亏损；假如一直不结婚，亏损就会更严重。

当然，这只是从经济学意义上进行的解释，毕竟生活本身就是经济，但我们也不必过于看重份子钱背后的经济学意义，因为份子钱主要适用于人情往来，是朋友之间的互相祝福。送出去的份子钱和参加朋友婚礼享受到的快乐相比，简直是微不足道。

不过，很多人在随份子时仍然会纠结不堪，伴随着沉重的心理和经济负担。

十一期间，赵连清和妻子原本打算出去旅游，可在9月份陆续接到很多结婚请柬，于是他们不仅要回趟老家参加妹妹和表弟的婚礼，还得在十一期间提前回来，需要参加大学同学的婚礼。

他们两人送出去的婚礼红包总共4 700元，其中包括给妹妹2 000元，表弟1 000元，大学同学1 000元，同事300元，一位普通朋友200元；另外，妻子的一位大学同学生了小孩儿，又随份子200元。这样一来，他们的旅游计划完全破产，当月的收支还严重失衡。

赵连清平时有记录家庭账单的习惯，根据他的家庭账单显示，一年下来，他在随礼上的支出总计11 000元，如果再把近期将要支出的1 000元（也就是元旦探望老师支出的500元和近期随婚礼份子钱500元）算在内，全年份子钱总计12 000元。赵连清夫妻两人的年收入为13万元，份子钱占总收入的9.2%。

其实，赵连清还有过这样的经历：有时他也会收到不太熟悉的同事的电话邀请，或者很久不联系的初高中同学突然邀请他参加婚礼，这让他很纠结。对方打来了电话，他也不好意思不去。

所谓“金钱有价情无价”，如何将份子钱送得恰到好处，既能表达情谊还不至于让自己的钱包受到太大打击？其实随份子也要讲究一些策略和技巧的。

（一）弄清关系，避免产生人情债

随份子不能随便，否则不仅不能维护彼此之间的关系，还会起到反效果。份子钱随多少，首先要弄清楚和对方的关系，根据亲密程度随礼。

比如，对于一般的亲友，随行就市送出一个基本价格的红包，使自己的心意到了就成。尤其要注意，不能为了自己的面子给对方多回礼，让对方欠你人情债，这样对方会产生心理压力。

（二）保持基本平衡

大家都知道收到红包要回礼，但人情红包有时太多了，难免会忘记哪些人给自己随了多少，甚至出现忘记某人曾经随过份子钱的事情。红包光收不送，难免会使人际关系失衡，因此，一定要及时准确记录收到过的份子钱，标明对方的身份，以此作为回礼的依据。

当然，有的时候送出婚礼红包的可能是一位已婚人士，再为对方回一份婚礼红包已经不太可能了，这种平衡已被打破，这就需要在平时的时候找机会去弥补。但是，我们不必刻意去追逐偿还等价红包的机会，在合适的时候为对方送出一份真诚的礼物，或者平时做出情感回报也是一种很好的补偿方式。

（三）勉强送不如顺其自然

有时接到交情一般、久未联系的人打电话邀请参加婚礼时，份子钱其实可随可不随，只不过有些人非常纠结，认为伤了对方的面子，也破坏了自己的形象，但就这样违背自己的本意送去红包同样觉得别扭。因此，不妨在不想送的时候找一个委婉的托辞拒绝，比如“人不在本地”“我无法赶过去”等。

但是人过不去，心意得到，所以为了避免遭人诟病，对于那些还需要维持表面友好关系的人，我们也可以采用一种不伤和气的迂回方式来表达心意。我们可以委托别人捎带红包，此时把红包价格降低一些，比如 200 元的红包换成 100 元。因为我们并未赴宴，给对方节省了部分成本，对方也不会因为我们给的红包金额少而心生不满。

（四）拼一个吉利数字

现在有不少人在随份子时喜欢和别人一起拼凑非常吉利的数字，比如两人凑 666 元、888 元或者三人凑 999 元，这样平均下来每个人可以少掏点钱，而吉利的数字也可以表达对新人的一种非常好的寓意，可谓两全其美。

当然，这种方式是对感情一般的人而言，如果是感情非常好的人，就要退出凑份子的统一行动，自己单独奉上更有分量的红包。

随份子属于一种人情投资，包括情感投资和金钱投资。人情投资也是有风险的，因为有时投入了情感和金钱，而之后因关系破裂或者疏远导致无法收到回礼，也就无法获得预期的“收益”。因此，只有尽心尽力地经营人际关系，才能最大限度地降低这种风险。

第十四章

解读经济浪潮的时代前沿
——聚焦热点经济现象

经济热点会随着时间推移不断变化，但我们每一天都会受到经济热点的影响，茶余饭后同他人讨论交流。当我们掌握了经济学的知识后，可能在关注这类新闻时会有一套属于自己的经济学看法，不至于盲从别人的观点，自己可以独树一帜。那么，最近一年来中国出现过哪些热点经济现象呢？我们又该如何对其进行解读呢？

一、无需拥有，只需使用？解读共享经济的贡献与困局

早上 7 点左右，刘宝生和其他市民一样出门上班。从小区门口到地铁站有将近 20 分钟的路程，他每天都习惯骑一辆共享单车到地铁站。但这些天他找车没有以前那么方便了。他说“可找到的车少了，坏的车子却多了。”

2017 年，是共享经济爆发的一年。共享经济以共享单车为代表，其他类型还包括共享汽车、共享充电宝、共享 KTV、共享雨伞甚至共享小马扎等。这些共享模式就如雨后春笋一般不断涌现出来。

曾经有一个段子非常形象地描述了当时火热的共享经济场景。

某 90 后的一天：从共享公寓中醒来，给共享宠物喂了食物，把旧衣服扔进共享洗衣机，然后从共享衣柜中拿出外套出门。骑着共享单车，一路上听着耳机里边的共享知识，走进共享会议室开始一天的工作。忙完一天的工作后，又回到公寓与室友分享共享私厨的加餐，吃完以后便和朋友走进共享 KTV 吼了几嗓子，过完瘾之后又和朋友用共享充电宝一起在共享电竞吧玩了一会儿游戏。

不过，2018 年以来，共享单车数量锐减，很多共享单车平台传出转让或倒闭的消息。当资本一哄而散时，热情已消失，留下的是一地鸡毛。

共享经济分为线下和线上两种模式，线下共享经济主要是指以获得一定报酬为目的，向陌生人暂时转移物品使用权的一种经济模式，而线上共享经济是指人们公平地享有社会资源，各自以不同的方式付出和受益，共同获得经济红利的一种经济模式，一般通过互联网为媒介来实现。我们主要讨论线上共享经济。

虽然共享经济的火热势头“来也匆匆，去也匆匆”，但共享经济带来的变革和反思是非常珍贵的。

（一）共享经济的贡献

共享经济变革了人们的生活方式和思维方式。以共享单车为例，其出现解

决了人们出行的“最后一公里”问题，使已被都市交通边缘化的自行车重新回归到人们的生活中，不仅缓解了城市拥堵，也有利于最大化地利用公共道路。除此之外，其他共享经济模式还对社会闲散资源进行再分配，以使公众更为廉价地利用这些资源，使“互联网+”思维方式深入人心。

（二）共享经济的困局

共享经济，尤其是共享单车的资源浪费问题十分严重，据统计，2017 年共享单车的投放量达到 2 000 万，据估测在报废之后会产生 30 万吨的废金属，但它们之中有多少能够被回收利用很难估计。

其次，维护问题也十分严峻。某共享单车的维护员曾说，平台为节省开支，已经减少投放车辆，但损坏车数量不减少，我的工作量还是没有减少。

另外，由于人们素质等原因，私占、私藏、恶意损毁等不良现象经常出现，而平台为此并没有采取防范措施，一直都是“重扩张，轻维护”的运营思路，导致共享经济运营模式的探索未实现重大突破，这也成为目前困扰共享经济生存的巨大问题。

2018 年 12 月，ofo 位于中关村互联网金融中心的总部遭到上门讨要押金的用户的围堵，讨要押金的队伍从五楼排到一楼，又从大堂排到马路上。

创始人戴威通过一封内部信向用户做出承诺：“ofo 会为欠着的每一分钱负责，为每一个支持过我们的用户负责。”然而，口头的承诺并没有奏效，挤兑困境仍然存在。

除了创始人和团队的管理问题以及各路资本之间的博弈之外，资金缺口成为 ofo 无法继续支撑运营的直接原因。

2018 年 1 月就有媒体报道，ofo 公司账户上的可用资金不到 6 亿元人民币，按照每月 4~5 亿元的开支来算，ofo 手上的资金只能维持一个月。

如果 ofo 能够成功融资，或者谈到合适的买家，很大程度上可能不会遇到如此难堪的局面。但事实上创始人和阿里、滴滴等投资方的缠斗导致它错过很多次机会。

从这个案例可以看出，共享经济的过热是受到资本过度“吹捧”炒起来的，如果没有烧钱大战，共享经济断不会如此火热，但当资本爆发式增长到顶点时，资本开始冷静下来，看到共享经济运营中存在的问题，于是，在大浪淘沙之下，一些共享企业开始有心无力。

当资本泡沫破灭时，人们终于开始认真思考共享经济的本质。在互联网共享经济模式下，众多共享企业通过缴纳押金、按时租赁的形式为用户提供服务，这其实并不是共享经济模式，而是商业租赁行为。共享经济的本质应是利用社会闲散资源实现自由组合和效率最大化，资本不应以产品为投资重点，而是要培育分享平台，发现新的增值业务。

二、新零售，打通线上和线下的“无界狂欢”

2016 年 10 月，马云在阿里云栖大会的演讲中第一次提到新零售：“未来的十年、二十年，没有电子商务这一说，只有新零售。”

所谓新零售，是指企业以互联网为依托，通过运用大数据、人工智能等先进技术手段，再结合心理学知识，对商品的生产、流通和销售过程进行升级改造，从而重新构建业态结构和生态圈，并对线上服务、线下体验以及现代物流进行深度融合的零售新模式。

当马云提出新零售这一概念之后，很多企业将焦点聚集在新零售身上，并开始不断加快布局新零售的脚步。对于传统的互联网巨头来说，他们布局新零售的方式非常直接，就是通过资本与传统零售商家合作，深度布局线下购物场景。

虽然线下购物场景是新零售的流量入口，但如果缺少新技术的有效补充，只是一个改了门面的传统店铺，那样即便是布局完线下场景也与真正意义上的新零售相距甚远。很多企业之所以关注线下场景的布局，只不过是想通过线下场景布局来弥补电商的缺陷，这样就能让新零售成为电商的优化方案，而不是与电商完全相异的新事物。如果按照这种逻辑来发展新零售，新零售的发展也一定会陷入困境。

其实，新零售从一诞生就与电商有着完全不同的内涵和意义。

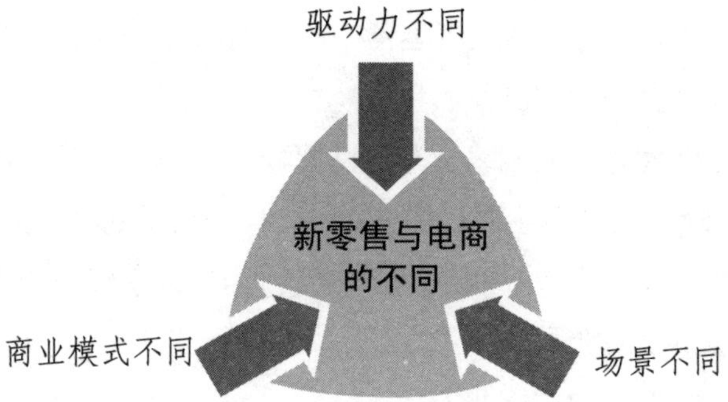

（一）驱动力不同

电商的驱动力来自于互联网，它通过将商品供需双方集中在同一平台上，以去中间化的处理去除以往传统行业中的诸多流程和环节，使双方能够在同一平台轻松交易,但这种模式并不能解决商品生产之前和生产之后的痛点和问题。

新零售的驱动力主要来自于以大数据、云计算和智能科技为代表的新技术，它通过优化商品生产流程，实现行业整体效率的提升。

（二）商业模式不同

电商的主要模式是 B2B，而新零售的模式是 S2b。B2B 模式侧重于流量思维，主要考虑如何将电商元素加入平台，以使供需双方高效对接；而 S2b 模式是赋能模式，主要考虑对 b 端用户进行深度赋能，从而实现行业深度变革，带来行业效率的整体提升，满足用户消费升级的需求。

（三）场景不同

电商的场景主要集中在线上，电商企业所要做的是将大量线下用户最大限度地吸引到线上来消费；而新零售的场景不再是单纯集中在线上，而是将线上和线下保持统一。

因此，原本线上无法解决的痛点难题可以通过线下场景来解决，之前线上和线下不相容的对立状态开始被相互协作所取代。所以说，新零售时代的格局要比电商时代更大，能够给人更多想象。

三、上瘾经济学：网络游戏为何让人如此着迷？

在高考时节，一位心碎的母亲写了一封致所有高考考生的信。因为他的儿子曾经学习成绩非常优秀，后来由于沉迷网游导致高考失利，到现在也没能从高考失利的阴影中走出来。

她对高考考生说："亲爱的孩子们，你们越来越独立，越来越有自己的想法，但无论如何，请你们一定要远离网游，好好学习，决不能因为一时沉迷网游而葬送一生的前途——命运就掌握在你们手里，而绝不是掌握在你们的手机里。"

在网络游戏的虚拟世界里，很多玩家痴迷得几乎忘了自己，往往在屏幕前夜以继日，废寝忘食。他们可以因为获得一件心仪的装备而激动不已，得意忘形，也会因为被其他玩家淘汰出局而暴跳如雷。他们不仅不吃不喝地停留在屏幕前，甚至在游戏中投入数以万计的"真金白银"。那么，这种疯狂的行为是如何产生的呢？

当然，上瘾的原因有很多，非常复杂，下面我们仅在经济学范围内进行相关解释。在经济学范围内，玩家对网游上瘾大致包括以下两个原因。

（一）心理账户

对于正常人来说，网游上瘾无异于浪费时间和金钱，可上瘾的玩家却觉得玩网游很重要。其实，对网游上瘾的人和正常人来说，时间并不是相同的，金钱也不是相同的。因为两者的心理账户不同，这才导致网游上瘾的玩家做出不符合逻辑的行为。

在现实生活中，我们会为了纪录、总结、分析或报告财务上的收支状况而建立财务账户；心理账户与之类似，人们在记录开支的时候将每一笔钱或者每一秒时间都归入抽象、存在于人们心里的账户，从而指导人们的经济行为。

（二）沉没成本

经济学家在分析消费者购买行为时会做出一个假设：个人会在一定的偏好下最大化自己的效用，而偏好在任何时间点上都仅仅由个人当时所消费的商品和服务所决定。这种假设显然是为了简化问题的研究，而实际在现实生活中，人们做出的选择大多受到过去经历和社会因素的影响。

沉没成本是指以往发生的，与当前决策无关的费用。玩家们在上个月花在游戏上的时间和金钱便是沉没成本，但它很明显会影响玩家在本月的投入量，并且在决定如何投入的时候很大程度上会受到朋友的影响。

玩家对游戏上瘾，就在于无法舍弃沉没成本，投入越多就越不想离开。因为玩家在这款游戏中付出了太多的精力和金钱，留下就意味着可以获得更多乐趣，而离开就意味着虚拟的关系网彻底断裂，那些曾花钱购买的虚拟装备也会变得毫无意义。

让这些玩家关闭心理账户无疑是非常困难的，放弃一个承载了太多记忆的游戏也是十分痛苦的。正是由于心理账户和沉没成本因素的存在，玩家对网游的消费提高了当前消费的边际效用会使玩家在未来增加对游戏的消费，导致网游成瘾行为发生。

四、手机成“钱包”，我们离无现金社会还有多远？

据 iiMedia Research 数据显示，在国内的移动支付市场，2018 年第一季度，支付宝和财付通两大巨头占据移动支付交易规模的 90.6%，已经形成事实上的双寡头格局。

这两者的核心都在于“支付”二字。支付宝和财付通中的微信支付通过砸下巨额补贴，凭借低成本、上手快的二维码逐渐取代现金，迅速推动移动支付的普及，现在已经成为人们生活中的主流支付方式。可以说，我国已经慢慢进入“无现金社会”。

所谓“无现金社会”，是指以电子支付方式取代现金支付，使刷卡支付、移动支付等“无现金”的支付方式成为主流支付方式的社会。

可以说，“无现金社会”是社会未来的发展方向，它具有以下优点。

无现金社会的优点	更方便	无现金支付涉及生活工作的方方面面
	更高效	不用点钞，减少排队，加速资金流转
	更安全	不会遇到假币，不用怕丢钱包，抢夺、偷盗问题能够减少很多
	更普惠	促进社会信用体系更加完善，信用与财富挂钩，只要保持个人信用良好，就能获得公平的金融服务
	更环保	节约制造货币的成本，减少碳排放，减少现金交易中的细菌传播机会

当然，无现金社会并不是要消灭现金，只是让人们摆脱对现金的依赖，只要拿起手机，不用带现金也可以畅通无阻。

陕西蓝田一影视基地景区因为拒收现金遭到行政警告，收到罚单，这也是全国首张因为拒收现金而开出的罚单。这正说明“无现金社会”并不能排斥现金支付方式，人们对无现金支付的误解应该得到澄清。

无现金社会也面临着诸多缺点。由于现金数字化基于网络数据，因此网络黑客产生的网络安全风险很大。近年来不断攀升的电信诈骗案发率就是无现金社会必须面临的严峻挑战。另外，对于一些困难群众，例如老弱病残人群或者处在贫困边远地区的人们，他们没有能力在银行开户转账，也没有手机或者不会用手机支付，如果身处无现金社会，会给他们的交易带来不便。而且移动支付的载体一般是手机，而手机的程序出错、关机、卡顿或者丢失等现象都会对支付产生很大的威胁。最严重的情况是，在灾害发生时，光纤和终端设施会遭到毁坏，电子支付可能会陷于瘫痪，以致影响正常的生活。

现金作为国家法律保障的法定货币，具有最广泛的适用性，同时还能为非现金支付提供可靠的保障，充当灾备工具。

2018 年 9 月，日本北海道发生 6.7 级地震，整个北海道震感强烈，大量房屋坍塌，导致至少 50 人死亡。

地震导致所有火力发电站紧急停运，让整个北海道在黑暗中度过了最恐怖的时刻。由于停电导致大规模断网，北海道首府札幌的 200 万居民涌入超市购买生活物资。然而，那些在平时已经习惯使用移动支付的灾民发现自己身上没有带现金，根本无法购买商品物资，哪怕卡里有再多钱也不行。

于是，这些灾民只能眼巴巴地看着食物被别人买走，自己饿着肚子坐在家中，有一种一切都完蛋的感觉。由此，很多日本人认为，在日本这样一个地震、海啸频发的国家，就不应该全面推行网络支付。

因此，尽管无现金社会是一种社会进步，是一种创新，但鉴于其存在的诸多弊端，流通形式的“双轨制”才是更合理的。

五、无聊经济：你玩抖音打发了多少无聊时光？

自从 2017 年以来，短视频领域迎来了发展的高峰期，在这一发展风口上，最受瞩目的便是抖音短视频。这款短视频 App 自从 2016 年 9 月上线以来，一开始默默无闻，但近来人尽皆知，就连广场舞的舞风也受到它的深远影响。为什么本来一款面向年轻人的短视频 App 能够获得如此大的影响力呢？

这就不得不提到跟随抖音悄然诞生的概念“无聊经济”。所谓“无聊经济”，是指因为无聊而产生的经济现象。在无聊经济下，众多事物吸引了人们处于无聊状态时的“眼球”，将人们的无聊时间转化为有价值的经济效益。其实，短视频、直播、付费问答以及电竞等网络事物的快速发展都与无聊经济的出现有着很大的关联。

抖音短视频的主要用户是年轻人，由于现在工作和生活节奏加快，抖音短视频在一定程度上将他们从中解脱出来，使其感到轻松、惬意，同时还能获得想要的信息，因此颇受他们的喜爱。

抖音短视频之所以能流行的主要原因便是需求的广泛存在，无聊经济注重体验，而抖音短视频的“便捷、短小、视觉酷炫”等特色都为年轻人打造了完全不一样的体验，完美契合了无聊经济的市场，使人们能够在碎片化时间内观看短视频，而且能随时脱离，随时进入，十分方便。

即使抖音短视频具有“随时离开，随时进入”的特点，但现实并非如此，很多网友在抖音上花费了数小时的时间，而且时间在不知不觉中流逝掉。之所以出现这种情况，是因为抖音的推荐方式属于个性化算法推荐，永远都在推荐网友感兴趣的内容，容易使人陷入舒适区，进入“越喜欢越推荐，越推荐就越喜欢”的循环中，于是网友就会放弃主动寻找内容，只愿意被动观看系统推荐的内容。

抖音的每个短视频都只持续十几秒钟，大多数是日常生活中的小段子，不会让人形成强烈的情感起伏，这让大部分用户在浏览视频时处于一种低频率的愉悦状态，而这种低频率的愉悦状态输入会持续很久，这才会出现广大网友所说的“感觉刷了没几下，结果几个小时出去了”。

最主要的是，抖音的产品使用门槛非常低，它最大限度地简化了视频录制的流程，让网友可以简单地录制上传，这无疑吸引了很多具有表现欲的网红和草根一试身手，增加了活跃度。

抖音的迅速发展得益于其算法推荐和时尚年轻化的产品特点，但也正是这两点让抖音存在不可避免的弊端。例如，这类平台创造的内容价值链条太短，视频内容多为快节奏、舞蹈派和创意派，主打漂亮的颜值，但看多了也会产生审美疲劳，所谓“好看的皮囊千篇一律，有趣的灵魂寥寥无几”。

由于抖音主打无聊经济，抢占的是人们的无聊时光，虽然满足了人们的休闲、娱乐和窥探欲望，但人们并不能真正从中获得多少慰藉，反而会有“越刷越无聊”的感觉，甚至使人从无聊过渡到孤独和寂寞。

无聊经济需要满足的是人们在无聊时对精神文化产品的需求，因此产品要做到使广大用户觉得“有趣”，而不是不经思考地刷手机，用无聊的内容来空耗无聊时光，这是值得抖音等短视频 App 以及短视频从业者认真思考的问题。

读 者 意 见 反 馈 表

亲爱的读者：

感谢您对中国铁道出版社的支持，您的建议是我们不断改进工作的信息来源，您的需求是我们不断开拓创新的基础。为了更好地服务读者，出版更多的精品图书，希望您能在百忙之中抽出时间填写这份意见反馈表发给我们。随书纸制表格请在填好后剪下寄到：北京市西城区右安门西街8号中国铁道出版社综合编辑部 苏茜 收（邮编：100054）。或者采用传真（010-63549458）方式发送。此外，读者也可以直接通过电子邮件把意见反馈给我们，E-mail地址是：4278268@qq.com。我们将选出意见中肯的热心读者，赠送本社的其他图书作为奖励。同时，我们将充分考虑您的意见和建议，并尽可能地给您满意的答复。谢谢！

所购书名： ____________________

个人资料：

姓名：__________ 性别：__________ 年龄：__________ 文化程度：__________

职业：__________ 电话：__________ E-mail：__________

通信地址：____________________ 邮编：__________

您是如何得知本书的：

□书店宣传 □网络宣传 □展会促销 □出版社图书目录 □老师指定 □杂志、报纸等的介绍 □别人推荐

□其他（请指明）____________________

您从何处得到本书的：

□书店 □邮购 □商场、超市等卖场 □图书销售的网站 □培训学校 □其他

影响您购买本书的因素（可多选）：

□内容实用 □价格合理 □装帧设计精美 □带多媒体教学光盘 □优惠促销 □书评广告 □出版社知名度

□作者名气 □工作、生活和学习的需要 □其他

您对本书封面设计的满意程度：

□很满意 □比较满意 □一般 □不满意 □改进建议

您对本书的总体满意程度：

从文字的角度 □很满意 □比较满意 □一般 □不满意

从技术的角度 □很满意 □比较满意 □一般 □不满意

您希望书中图的比例是多少：

□少量的图片辅以大量的文字 □图文比例相当 □大量的图片辅以少量的文字

您希望本书的定价是多少：

本书最令您满意的是：

1.

2.

您在使用本书时遇到哪些困难：

1.

2.

您希望本书在哪些方面进行改进：

1.

2.

您需要购买哪些方面的图书？对我社现有图书有什么好的建议？

您更喜欢阅读哪些类型和层次的计算机书籍（可多选）？

□入门类 □精通类 □综合类 □问答类 □图解类 □查询手册类 □实例教程类

您在学习计算机的过程中有什么困难？

您的其他要求：